IRON

VOL.1

핵심만 배우는 골프

아이언 편

김해천 지음

IRON

싸이프레스

PROLOGUE

"Practice Makes Perfect!"

이 말은 골프와 가장 어울리는 격언일 것이다.

골프를 잘하기 위해서는 끊임없는 연습 외에 왕도가 없다는 뜻이다. 하지만 필자는 이 말에 전적으로 동의하지는 않는다. 무작정 하는 연습은 자칫 나쁜 습관이 몸에 배어 가게 할 뿐만 아니라 시간도 많이 소비될 수 있기 때문이다. 하지만 올바른 방법으로 믿음을 가지고 연습하는 골퍼에게는 고수로 가는 길이 그리 멀지만은 않다고 확신한다.

현대사회에는 인터넷 등을 통해 골프스윙에 관한 수많은 정보가 넘쳐 나고 있고, 코치마다 각기 다른 교습법으로 가르치는 것을 볼 수 있다. 그러다 보니 골프스윙에 대한 설명과 방법이 너무나 다양해지고 복잡해지는 것을 알 수 있다. 그러나 골프스윙을 복잡하게 이해하게 되면 골프가 더 어려워 질 수밖에 없고 습득하는 데에도 더 오랜 시간이 걸리게 된다. 결국 자신의 동작으로 표현하기 어려운 실전과 동떨어진 이론의 덫에 사로잡혀 더 이상 골프가 향상되지 않고 좌절만 반복되는 모습을 보게 된다.

필자가 추구하는 골프는 스윙을 단순히 익히는 것이다. 간단히 배우고 쉽게 반복할 수 있는 그런 스윙 말이다. 스윙이 단순해지면 샷에 대한 일관성이 좋아지고 예측 가능한 샷을 할 수 있기 때문에 자신감이 높아진다. 골프는 자신감만 좋아지면 엄청난 실력 향상을 경험하게 된다. 이러한 개념이야말로 현대시대의 골퍼들이 가장 갈망하고 필요한 부분일 것이다.

골프를 단순히 익히기 위해서는 많은 지식을 필요로 하는 수준 높은 이론적인 교습보다는 쉽게 따라할 수 있는 핵심적인 동작을 확실하게 습득하는 것이 도움이 된다. 이런 맥락에서 필자는 이 책을 통하여 골프에서 꼭 필요한 핵심 내용을 간결하게 설명하고, 핵심 동작들을 큰 사진으로 보여줌으로써 스스로 쉽게 이해하며 익힐 수 있는 데 초점을 맞추어 구성했다. 또한 초보자들에게는 양식 있는 골퍼로 성장하기 위해 꼭 알아야 하는 기초적인 골프 상식도 수록하였다.

이 책은 「아이언」, 「드라이버, 우드, 하이브리드」, 「어프로치」, 「벙커, 퍼팅」 등 총 4권의 시리즈 형식으로 구성되었다. 그리고 각 권에서 골퍼들이 꼭 알아야 하는 핵심 포인트만 압축하여 화보 형식으로 구성하고 설명은 최대한 간결하게 실었다. 이 시리즈가 골프에 열정이 있는 골퍼들에게 큰 도움이 되기를 간절히 바란다.

김해천

CONTENTS

Prologue

 **PART 01** 7번 아이언으로 기본기 마스터하기

ADDRESS 어드레스
그립을 잡을 때 3가지 기본만 지키자 / **10**
양발의 균형이 잘 잡힌 어드레스는 샷의 성공 열쇠이다 / **12**

BACK SWING 백스윙
백스윙은 왼쪽 어깨 회전으로 시작한다 / **14**
백스윙톱에서 어깨 회전은 90도, 엉덩이 회전은 45도가 기준이다 / **16**
백스윙 때 왼팔을 일부러 펴려고 하지 마라 / **18**
백스윙을 하는 동안 오른쪽 허벅지로 강하게 지탱한다 / **20**

DOWN SWING & IMPACT 다운스윙&임팩트
다운스윙의 첫 동작은 왼쪽 엉덩이의 평행이동으로 시작한다 / **22**
오른쪽 팔꿈치가 오른쪽 옆구리를 향해 내려오도록 한다 / **24**
임팩트 때 손이 클럽헤드보다 앞서야 한다 / **26**

FOLLOW THROW & FINISH 팔로스루&피니시
임팩트 후 클럽헤드가 목표방향으로 50cm 정도 진행할 때까지는 양팔을 편다 / **28**
왼쪽 허리 높이에서 오른팔이 왼팔 위로 교차되어야 한다 / **30**
피니시 때 왼발바닥 바깥쪽으로 균형을 잡는다 / **32**

• 아이언 스윙 연속 동작–정면, 측면 / **34**

PART 02 클럽별 치는 방법과 그린 공략법 배우기

CLUB 클럽별 치는 방법
같은 스윙을 해도 아이언에 따라 탄도와 거리가 달라진다 / 38
클럽별로 거리를 10m씩 나눠 치면 아이언의 정확도가 높아진다 / 40
숏 아이언은 스윙 폼을 간결하게 한다 / 42
숏, 미들 아이언의 견고한 임팩트를 위해서는 다운 블로우를 구사한다 / 44
롱 아이언을 잘 치기 위해서는 헤드 스피드를 높인다 / 46

TARGET 그린 공략법
파3홀에서는 자신의 구질이나 전략에 맞춰 티 꽂는 높이와 지점을 정한다 / 48
그린을 4등분하여 안전한 곳에 볼이 떨어지도록 착지지점을 정한다 / 50
핀이 앞쪽에 있을 때는 짧은 클럽을, 뒤쪽에 있을 때는 긴 클럽을 선택한다 / 52
탄도가 높은 공을 칠 때는 손목을 유연하게 스윙한다 / 54
볼의 탄도를 낮게 치려면 체중을 왼발에 싣고 볼을 눌러 친다 / 56
슬라이스가 나는 사람은 훅을 치는 연습으로 교정한다 / 58
훅이 나는 사람은 슬라이스를 치는 연습으로 교정한다 / 60

PART 03 러프, 경사지 등 상황별 샷 요령 익히기

TROUBLE 러프, 오르막, 내리막
러프 볼이 잔디 위에 떠있으면 티 위에 볼이 있다고 상상하고 친다 / 64
러프 볼이 중간 길이의 러프에 있으면 클럽페이스를 약간 열고 찍어 친다 / 66
러프 볼이 깊은 러프에 있으면 그립을 강하게 잡고 볼 바로 앞에 클럽헤드를 박듯이 친다 / 68
발끝 오르막 클럽을 짧게 잡고 타깃의 오른쪽을 향해 플랫하게 스윙한다 / 70
발끝 내리막 무릎과 척추각도를 유지하며 팔 위주로 스윙한다 / 72
왼발 오르막 타깃 오른쪽을 에이밍하고 3/4 피니시만 해서 균형을 유지한다 / 74
왼발 내리막 볼을 오른쪽에 놓고 백스윙을 가파르게 하며 경사면을 따라 내려 친다 / 76

PART 04 왕초보를 위한 골프 상식

01 클럽의 종류 / 80
02 클럽의 구조와 명칭 / 84
03 클럽 선택 요령 / 86
04 골프공의 종류와 선택 요령 / 88
05 골프장의 구성 / 90
06 타수 계산 방법 / 94
07 스코어 카드 작성법 / 95
08 볼의 구질 9가지 / 96
09 왕초보 골프 에티켓 / 97
10 골프 용어 / 100

BASIC

7번 아이언으로 기본기 마스터하기

ADDRESS

어드레스

그립을 잡을 때
3가지 기본만 지키자

그립은 몸과 클럽이 연결되는 유일한 부분이다. 초보자일수록 그립의 중요성을 잘 모르는 경우가 많은데, 그립을 잘 못하는 골퍼는 기량이 빨리 늘지도 않을 뿐만 아니라 싱글 골퍼가 되기도 힘들다. 그립 방법에 따라 샷을 하기 이전에 이미 샷의 거리와 방향이 결정되는 만큼 더 이상 그립의 중요성은 말할 필요도 없다. 그립을 잡는 방법은 여러 가지이지만 그 중 꼭 지켜야 할 3가지 기본 원칙이 있다.

첫째, 클럽헤드 스피드와 임팩트의 감각을 높이기 위해서 클럽을 손바닥이 아닌 손가락으로 잡아야 한다. 둘째, 스윙 중 클럽이 손 안에서 흔들리지 않도록 양손 엄지와 검지의 뿌리 부분이 밀착되게 잡아야 한다. 셋째, 임팩트 시 오른팔의 파워가 제대로 전달되고 클럽페이스가 스퀘어(Square, 직각(정 위치))로 오게 하기 위하여 오른손 엄지와 검지가 권총의 방아쇠를 당기는 모양이 되어야 한다.

PART 01 BASIC

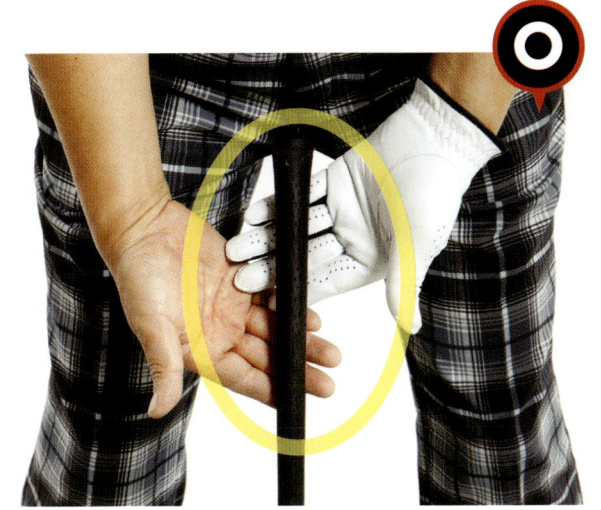
손가락으로 부드럽게 잡아야 헤드 스피드를 높일 수 있다.

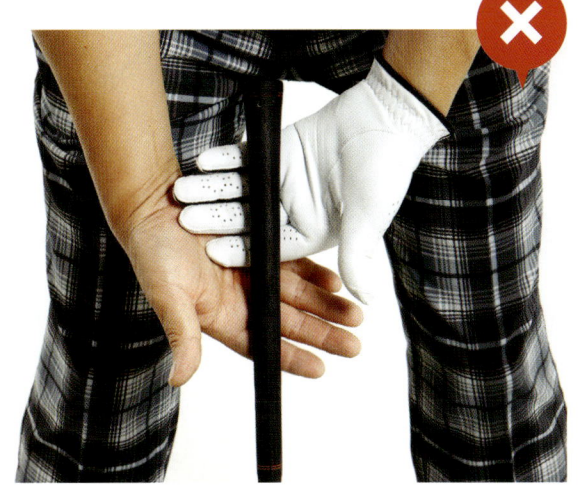
손바닥 부분으로 잡으면 안 된다.

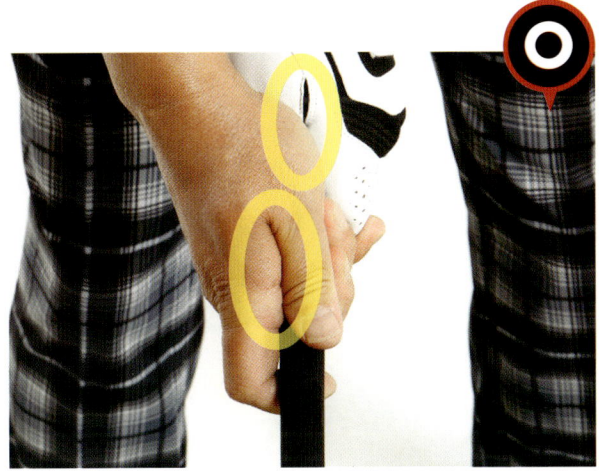
양손 엄지와 검지의 뿌리가 밀착된 상태로 그립을 한다.

양손 엄지와 검지의 뿌리가 벌어지면 안 된다.

오른손 엄지와 검지가 권총방아쇠를 당기는 모양이 되어야 한다. 엄지 바로 아래에 검지가 받쳐지도록 잡는다.

검지가 엄지 바로 밑에 있지 않고 안쪽으로 들어가 있다.

ADDRESS

7번 아이언을 기준으로 스탠스는 어깨너비로 벌린다. 체중은 양발에 5:5로 싣는다.

어드레스

양발의 균형이 잘 잡힌 어드레스는 샷의 성공 열쇠이다

어드레스는 스윙을 하기 위한 준비 단계이며, 어드레스 자세에 따라 스윙이 달라질 수 있다. 좋은 스윙을 하기 위해서는 균형 잡힌 안정된 어드레스가 필수이다. 마치 로켓을 힘차게 추진시키기 위해 설치된 안정되고 튼튼한 발사대처럼 말이다. 좋은 어드레스란 발바닥이 지면에 확실히 밀착되고, 체중이 좌우 어느 한쪽으로 지나치게 치우침이 없이 양발 위에 잘 분산되어 있어야 하며, 다리는 스윙의 순간적이고 역동적인 동작을 잘 지지할 수 있도록 안정되게 놓이는 것을 말한다. 그리고 턱을 들고 등을 곧게 펴서 스윙 중 양팔과 어깨와 클럽이 역동적이고 편하게 통과할 수 있도록 완벽하게 준비하는 것이 중요하다.

PART 01 BASIC

턱은 살짝 든다.

목과 척추 라인은 일직선이 되도록 한다.

팔을 편안하게 내린다.

양쪽 무릎은 가볍게 구부리고 무게 중심이 발바닥의 오목한 부분과 엄지발가락 아래쪽 도톰한 부분 사이에 오도록 한다.

클럽은 지면에 댄다.

무릎과 머리를 너무 숙이면 체중이 앞꿈치나 뒤꿈치에 쏠리는 자세가 된다.

상체가 너무 오른쪽으로 기울어졌다.

체중이 너무 왼쪽에 실려 있다.

척추가 너무 수직으로 이루어졌다.

BACK SWING

백스윙은 왼쪽 어깨를 먼저 회전시키면서 시작한다.

어깨가 회전함에 따라 하체는 저항을 느끼면서 천천히 따라 돌아야 한다.

백스윙

백스윙은 왼쪽 어깨 회전으로 시작한다

PART 01 BASIC

백스윙의 초기 동작이 어떻게 진행되는지는 골퍼들에게 끊임없는 고민거리이지만 그렇다고 정답이 없는 것도 아니다. 한 가지 분명한 것은 백스윙은 상체 위주로, 즉 상체가 리드해야 한다는 것이다. 몸에서 강한 파워를 만들기 위해서는 어깨가 회전함에 따라 하체가 저항을 느끼면서 따라 도는 움직임이 만들어져야 한다.

따라서 백스윙을 팔로만 하거나 하체가 먼저 돌아가게 되면 상·하체의 꼬임이 극대화될 수 없기 때문에 백스윙이 완성된 후에 강한 힘을 축척할 수 없다. 따라서 백스윙의 첫 단추를 잘 끼우기 위해서는 왼쪽 어깨를 돌리면서 시작하는 것이 좋다.

백스윙 때 클럽을 팔로만 들게 되면 상·하체가 거의 회전하지 않기 때문에 꼬임이 극대화되지 않아 파워가 약해진다.

엉덩이가 어깨보다 먼저 돌아가면 어깨 회전이 작아져 역시 파워가 축적되지 않는다.

BACK SWING

백스윙

백스윙톱에서 어깨 회전은 90도, 엉덩이 회전은 45도가 기준이다

어깨는 90도 정도 회전해야 한다.
90도

엉덩이는 45도 정도 회전해야 한다.
45도

오른쪽 무릎이 밀리면 그 만큼 백스윙의 힘이 비축되지 않으므로 어드레스 상태 그대로 유지한다.

백스윙의 목적은 상·하체를 올바르게 꼬아서 다운스윙에서 사용할 힘을 최대한 비축하는 것이다. 파워를 최대한 모으기 위한 백스윙의 꼬임에는 기준이 있는데, 가장 보편적인 것은 어깨가 90도, 엉덩이가 45도 정도 회전되는 것이다. 이론적으로는 어깨와 엉덩이의 회전 각도 차이가 크면 클수록 더 큰 힘을 얻을 수 있다.

그러나 유연성이 아주 뛰어난 사람이 아닌 이상 엉덩이가 30도 이하로 돌게 되면 어깨 회전이 제한되어 힘을 축척하기 어렵고, 반대로 어깨 회전은 많이 되지만 엉덩이까지 45도 이상 회전된다면 역시 큰 힘을 모으기 어렵다. 따라서 어깨 회전 90도, 엉덩이 회전 45도 정도의 백스윙이 무리 없이 힘을 모을 수 있는 교과서적인 기준이다.

PART 01 **BASIC**

90도 이상

45도

어깨 회전과 엉덩이 회전의 각도 차가 클수록 더 큰 힘을 모을 수 있다.

30도 이하

어깨 회전을 많이 해도 엉덩이 회전이 30도 이하밖에 안 되면 파워를 충분히 만들 수 없다.

90도 이상

45도 이상

어깨 회전과 엉덩이 회전을 모두 과도하게 하면 다운스윙 때 임팩트 타이밍을 맞추기가 어렵다.

BACK SWING

백스윙

백스윙 시 왼팔의 힘을 빼고 유연하게 하면 스윙이 부드러워져서 클럽헤드 스피드를 더 낼 수 있다.

백스윙 때 왼팔을 일부러 펴려고 하지 마라

'백스윙 때 왼팔을 곧게 펴라.'라는 말을 자주 들어왔을 것이다. 사실 이 자세가 가장 이상적이긴 하다. 하지만 모든 아마추어가 반드시 따라할 필요는 없다. 몸이 유연하고 어깨 회전이 잘 되는 골퍼는 가능하다. 그러나 대부분의 주말골퍼들, 특히 중년기를 넘어선 골퍼들은 몸의 유연성이 떨어지기 때문에 충분한 어깨 회전을 하기가 쉽지 않다. 특히 왼팔을 곧게 펴고 스윙을 하면 팔과 어깨가 경직되어 백스윙이 더 짧아지고 큰 힘을 비축하기가 어렵다.

이럴 땐 팔꿈치가 조금 구부러지더라도 왼팔의 힘을 빼고 유연하게 백스윙을 하면 어깨 회전도 잘 되고, 백스윙톱도 편해져 다운스윙을 좀 더 쉽게 할 수 있다.

PART 01 **BASIC**

❌ 백스윙 시 왼팔을 의도적으로 곧게 펴다 보면 힘이 많이 들어가 스윙이 딱딱해져서 탑핑이 자주 발생할 수 있다.

BACK SWING

백스윙

백스윙을 하는 동안 오른쪽 허벅지로 강하게 지탱한다

백스윙을 시작해서 백스윙톱으로 올라가는 동안 하체의 강한 지지는 필수이다. 특히 엉덩이가 오른쪽으로 밀리거나 빠지지 않도록 하려면 오른쪽 허벅지가 강하게 버텨야 한다. 또한 오른쪽 무릎이 펴지지 않도록 주의해야 한다.

만약 엉덩이가 오른쪽으로 밀리면 상체가 왼쪽으로 기울게 되어 뒤땅이 많이 발생한다. 또한 오른쪽 무릎이 펴지면 체중이 왼발에 더 실리게 되는 리버스 피봇(Reverse Pivot)이 발생하여 강한 파워를 축척하기가 어렵고, 다운스윙 시 체중이동도 제대로 되지 않는다.

오른쪽 허벅지로 강하게 지탱해야 체중이동이 되고 견고한 스윙을 할 수 있다.

엉덩이가 오른쪽으로 밀리면 다운스윙 시 임팩트 타점이 볼 이전에 형성된다.

오른쪽 무릎이 펴지면 체중이 왼쪽에 실려 상체가 반대로 기울어진다.

결과적으로 다운스윙 때 코킹이 일찍 풀려 뒤땅이 잘 나온다.

DOWN SWING & IMPACT

다운스윙의 첫 동작은 왼쪽 엉덩이의 평행이동으로 시작한다.

다운스윙 & 임팩트

다운스윙의 첫 동작은 왼쪽 엉덩이의 평행이동으로 시작한다

다운스윙을 시작할 때 몸의 어느 부분부터 시작해야 할까? 지금까지 가장 널리 알려진 정설로는 왼쪽 다리부터 시작하는 것이다. 즉, '다리→엉덩이→허리→어깨→손→클럽'의 순서이다. 결론적으로 손과 팔은 하체가 먼저 리드하고 난 다음에 자연스럽게 따라 내려오는 것이다. 여기서 한 가지 팁을 더하자면, 다운스윙을 시작하는 실질적인 느낌은 엉덩이를 왼쪽으로 평행이동하는 것이다.

이런 순서로 다운스윙을 하면 스윙 메커니즘 상 클럽헤드를 가장 빠른 스피드로 내릴 수 있으며, 스윙궤도 또한 인사이드로 내려오게 하는 일석이조의 효과가 있다.

상체나 어깨, 팔로 먼저 다운스윙을 시작하면 손목코킹이 너무 일찍 풀려 강한 임팩트를 만들기 어렵다.

다운스윙에서 클럽헤드는 안쪽에서 바깥쪽으로 내려와야 한다.

다운스윙 시 클럽헤드가 바깥쪽에서 안쪽으로 내려오면 볼을 깎아 치게 되어 슬라이스가 나기 쉽다.

DOWN SWING & IMPACT

다운스윙 시 오른쪽 팔꿈치는 오른쪽 옆구리에 가깝게 내려와야 '인-투-아웃' 궤도의 스윙이 가능해진다.

다운스윙 & 임팩트

오른쪽 팔꿈치가 오른쪽 옆구리를 향해 내려오도록 한다

백스윙에는 두 가지 유형이 있다. 첫째는 오른쪽 팔꿈치를 옆구리 쪽에 붙여서 올라가는 플랫 타입이고, 둘째는 팔꿈치를 떼고 올라가는 업라이트 타입이다. 현대 스윙에서는 스윙 아크(Swing Arc)를 더 크게 하고 비거리를 늘리기 위해서 겨드랑이를 90도 정도까지 벌려 팔꿈치가 옆구리에서 떨어지는 백스윙을 많이 구사한다. 그런데 이 경우에는 다운스윙 때 '아웃-투-인' 궤도가 되어 볼을 엎어 치거나 손목코킹이(Cocking) 일찍 풀려 뒤땅이 많이 발생하게 된다. 따라서 백스윙이 어떻게 진행되든지 관계없이 다운스윙 때는 반드시 오른쪽 팔꿈치를 오른쪽 옆구리 쪽에 가깝게 붙여서 내려와야 스윙 궤도도 인사이드로 내려오고 손목도 늦게 풀려 레이트 히트(Late Hit, 지연 타격)가 가능해져 거리감과 방향성이 좋아진다.

PART 01 **BASIC**

팔꿈치가 겨드랑이에 붙어 올라가면 백스윙이 플랫하게 된다.

팔꿈치가 겨드랑이에서 떨어져 올라가면 백스윙이 업라이트하게 된다.

다운스윙 때 오른쪽 어깨가 앞으로 나오면 볼을 덮어 치거나 뒤땅이 나거나 볼이 왼쪽으로 날아간다.

다운스윙 때 손목코킹이 일찍 풀리면 볼을 퍼올려치는 동작이 일어난다.

DOWN SWING & IMPACT

임팩트 직전에 클럽헤드가 볼을 먼저 치고 나서 바닥을 쳐야 한다.

임팩트 때에는 손이 클럽헤드보다 앞서야 다운 블로우로 타격할 수 있다.

다운 블로우 요령

1

백스윙 때 손목의 힘을 빼서 클럽 헤드의 무게를 느낀다.

임팩트 때 손이 클럽헤드보다 앞서야 한다

아이언 샷의 특징은 볼을 다운 블로우(Down Blow, 하향 타격)로 쳐서 클럽헤드가 땅에 닿기 전에 반드시 볼을 먼저 쳐야 한다는 것이다. 이 과정이 잘 이루어져야 정확하고 견고한 임팩트가 만들어진다. 이러한 임팩트 자세를 만들기 위해서는 임팩트 순간에 손이 클럽헤드보다 앞서 가는 타격이 이루어져야 하다. 이것을 핸드 퍼스트(Hand First)라고 하는데, 이 동작을 만들기 위해서는 다운스윙을 하체로 리드하고 코킹이 늦게 풀리는 레이트 히트(지연 타격)를 해야 한다.

레이트 히트를 하기 위해서는 백스윙 때 손목의 힘을 빼서 유연하게 만들고 클럽헤드가 백스윙톱에 도달하기 직전에 다운스윙을 시작하여 손목이 꺾이면서 채찍질을 하듯 스윙이 이루어져야 한다.

백스윙톱이 완성되기 바로 직전에 채찍을 휘두르듯 리듬감 있게 다운스윙을 시작한다.

FOLLOW THROUGH & FINISH

팔로스루 & 피니시

임팩트 후 클럽헤드가 목표방향으로 50cm 정도 진행할 때까지는 양팔을 편다

임팩트 직후 클럽을 던지는 듯한 느낌으로 휘두르면 자연스럽게 양팔이 잘 펴진다.

50cm

스윙은 어드레스에서 피니시까지 하나로 이어지는 완성된 동작이어야 하는데, 볼을 직접 치는 임팩트까지만 중요하게 생각하고 그 이후 동작에는 신경 쓰지 않는 골퍼들이 의외로 많다. 그 결과 임팩트 후 양팔이 일찍 구부러지는 현상이 자주 나타난다. 임팩트 후 클럽헤드가 타깃라인 방향에 오래 머무를수록 볼의 방향성이 좋아지는데, 이를 위해서는 임팩트 후 양팔이 펴져야 한다. 만약 볼을 치자마자 왼팔이 일찍 구부러지면 클럽헤드가 타깃라인 방향에서 일찍 벗어나는 것은 물론 팔로스루 때 스윙 아크가 작아지면서 정상적인 피니시가 완성되지 않는다.

따라서 볼을 칠 때 왼손 그립을 너무 세게 잡지 말고 왼팔을 자연스럽게 회전시키면서 클럽을 릴리스해주면 팔도 잘 펴지고 클럽헤드 스피드도 자연스럽게 빨라진다. 임팩트 후 클럽헤드가 목표방향으로 50cm 정도 진행될 때까지는 양팔을 모두 펴는 것이 중요하다.

임팩트 후 왼팔을 자연스럽게 펴주지 못하면 흔히 말하는 치킨윙(닭날개 모양) 현상이 발생한다.

FOLLOW THROUGH & FINISH

팔로스루 & 피니시

왼쪽 허리 높이에서 오른팔이 왼팔 위로 교차되어야 한다

임팩트 때 클럽페이스가 볼과 스퀘어(직각)를 이루고 클럽헤드 스피드를 높이기 위해서는 임팩트 존에서 클럽이 릴리스 되어야 한다. 이때 릴리스를 주도하는 부위는 양 팔뚝이다. 임팩트 존을 지나는 동안 왼손은 손등에서 손바닥이 보이도록 돌아가고, 오른손은 손바닥에서 손등이 보이도록 돌아가는 동작을 적절하게 해줘야 한다. 이 동작이 클럽을 릴리스시키는 양 팔뚝 회전동작(Forearm Rotation)이다.

이 동작이 잘 이루어지면 슬라이스가 방지되고 임팩트가 강해져 비거리가 늘어난다. 팔로스루 때 양손이 허리 높이에서는 오른팔이 왼팔 위로 완전히 교차되는 모습을 이루면 동작이 제대로 된 것이다.

임팩트 후 허리 높이에서 양팔이 교차되어야 한다.

PART 01 BASIC

릴리스 동작에서 양팔이 올바르게 교차되는 모습

오른팔 회전 동작

오른손바닥이 정면을 향한다.   오른손바닥이 목표방향을 향한다.   오른손바닥이 정면을 향한다.

왼팔 회전 동작

왼손등이 정면을 향한다.   왼손등이 목표방향을 향한다.   왼손등이 정면을 향한다.

FOLLOW THROUGH & FINISH

팔로스루 & 피니시

피니시 때 왼발바닥 바깥쪽으로 균형을 잡는다

오른쪽 어깨는 목표 방향을 향한다.

몸통은 정면을 향한다.

오른발은 발가락 부분만 지면에 닿는다.

왼발바닥 바깥쪽으로 체중을 지탱한다.

PART 01 BASIC

백스윙이 가파르면 피니시가 높게 이루어진다.

백스윙이 플랫하면 피니시가 낮게 이루어진다.

피니시는 일부러 만드는 동작이 아니라 스윙이 제대로 이루어지면 자연스럽게 만들어지는 동작이다. 따라서 스윙 후 흐트러지지 않고 안정된 피니시가 이루어지려면 스윙을 제대로 해야 한다. 즉, 피니시는 스윙을 제대로 했는지 알 수 있는 결과물이다.

피니시가 제대로 만들어지려면 스윙의 부분 동작에 집착하기 보다는 전체적인 동작을 매끄럽게 한다는 생각을 갖는 것이 중요하다. 그리고 가파른 업라이트 스윙을 하는 경우에는 피니시도 높게 이루어지고, 반대로 평평한 플랫 스윙을 하는 경우에는 피니시도 낮게 이루어지는 것이 정상이다. 피니시 때 체중을 왼발바닥 바깥쪽으로 잘 지탱하고 오른발은 발가락 부분만 지면에 닿아있으며, 몸통은 정면을 향하고 오른쪽 어깨는 타깃을 향하고 크게 서는 시원한 피니시를 해보자.

체중이 왼발이 아닌 오른발에 남아있다.

오른발 뒤꿈치가 지면에 붙어있어 체중이동이 이루어지지 않아 팔로만 스윙을 한 피니시 동작이 된다.

하체를 이용하지 못하면 상체만 따라 나가게 된다.

아이언 스윙 연속 동작 - 정면

스탠스는 어깨너비만큼 벌리고, 볼은 스탠스 중앙에 둔다.

어깨와 팔의 일체감을 느끼면서 왼쪽 어깨를 오른쪽으로 크게 회전시키며 상체를 비튼다.

백스윙톱에서 등이 목표방향을 가리키고 오른쪽 무릎은 계속 정면을 향한다.

아이언 스윙 연속 동작 - 측면

척추를 곧게 펴고, 등과 목이 일직선이 되도록 한다. 양팔은 자연스럽게 늘어뜨려 그립을 잡고 무릎은 살짝 구부린다.

백스윙은 손으로 하는 것이 아니라 어깨 회전을 이용하여 일체감 있게 이루어져야 한다.

PART 01 BASIC

다운스윙은 엉덩이를 왼쪽으로 수평이동시키며 왼발로 지면을 밟으면서 시작한다.

임팩트 순간에는 어깨와 타깃 라인이 거의 평행하지만 엉덩이는 열려 있다.

목표방향으로 클럽을 내던지는 느낌으로 크게 휘두른다.

피니시에서 오른발 뒤꿈치를 세워주고, 왼쪽 다리만으로도 균형을 잃지 않고 설 수 있도록 중심을 잡는다.

가슴이 열리는 속도를 최대한 늦추면서 클럽이 내려오도록 한다.

어깨와 팔이 만드는 삼각형을 유지하면서 임팩트를 하고 양팔을 계속 곧게 펴준다.

임팩트 후 몸의 회전을 이용하여 목표의 왼쪽 방향으로 클럽을 끝까지 휘두른다.

PART 02

CLUB

클럽별 치는 방법과 그린 공략법 배우기

CLUB

클럽별 치는 방법

같은 스윙을 해도 아이언에 따라 탄도와 거리가 달라진다

샌드웨지

아이언은 3번부터 샌드웨지까지 로프트(Loft)의 각도와 샤프트(Shaft)의 길이가 각기 다르다. 로프트는 샷의 탄도를 결정짓는 요소이고, 샤프트는 클럽의 스피드와 거리를 결정짓는다. 그러므로 골퍼가 같은 스윙을 하더라도 아이언의 종류에 따라 탄도와 거리는 저절로 달라진다.

즉, 로프트가 큰 클럽일수록 볼에 백스핀이 많이 생겨 공중으로 높게 뜨며 거리는 멀리 나가지 않는 반면 로프트가 작은 클럽은 볼에 백스핀이 적게 생겨 탄도는 낮게 날아가지만 거리는 더 멀리 가게 된다. 또한 샤프트의 길이에 따라 원을 그리는 반경과 운동량도 달라지는데, 샤프트가 길수록 클럽헤드 스피드가 더 빨라지므로 볼을 더 멀리 칠 수 있는 것이다. 이러한 원리를 잘 이해해서 아이언 샷을 할 때 탄도와 거리를 고려하여 스윙을 하면 더 정확한 결과를 얻을 수 있다.

5번, 8번 아이언, 샌드웨지의 로프트 비교

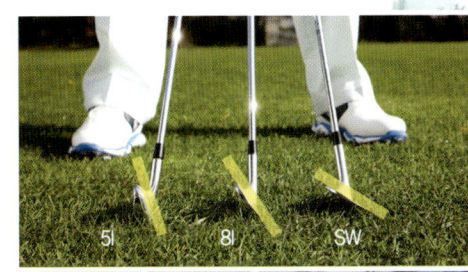

로프트가 큰 클럽일수록 볼에 백스핀이 많이 생겨 높이 뜬다.

롱 아이언과 숏 아이언의 스윙 아크 차이

롱 아이언은 숏 아이언보다 스윙 아크가 더 커지며 클럽헤드 스피드가 더 빨라진다.

CLUB

클럽별 치는 방법

클럽별로 거리를 10m씩 나눠 치면 아이언의 정확도가 높아진다

클럽별로 거리차가 일정하게 나야 한다.

드라이버는 멀리 칠수록 주위에서 장타자로 인정받지만 아이언은 멀리 친다고 해서 자랑이 아니다. 아이언은 거리보다는 정교함이 더 중요하다. 따라서 자신의 아이언별 거리를 정확히 알고 자신 있게 플레이 하는 것이 필요하다. 프로선수나 아마추어 중 장타자들은 클럽별 거리차를 15m 정도로 나누지만 일반 골퍼들은 10m 정도면 무리가 없다. 그러므로 연습을 할 때도 타깃을 정해 클럽별 거리를 10m씩 나눠 치면 필드에서 그린을 공략할 때 놀라운 결과를 보게 될 것이다.

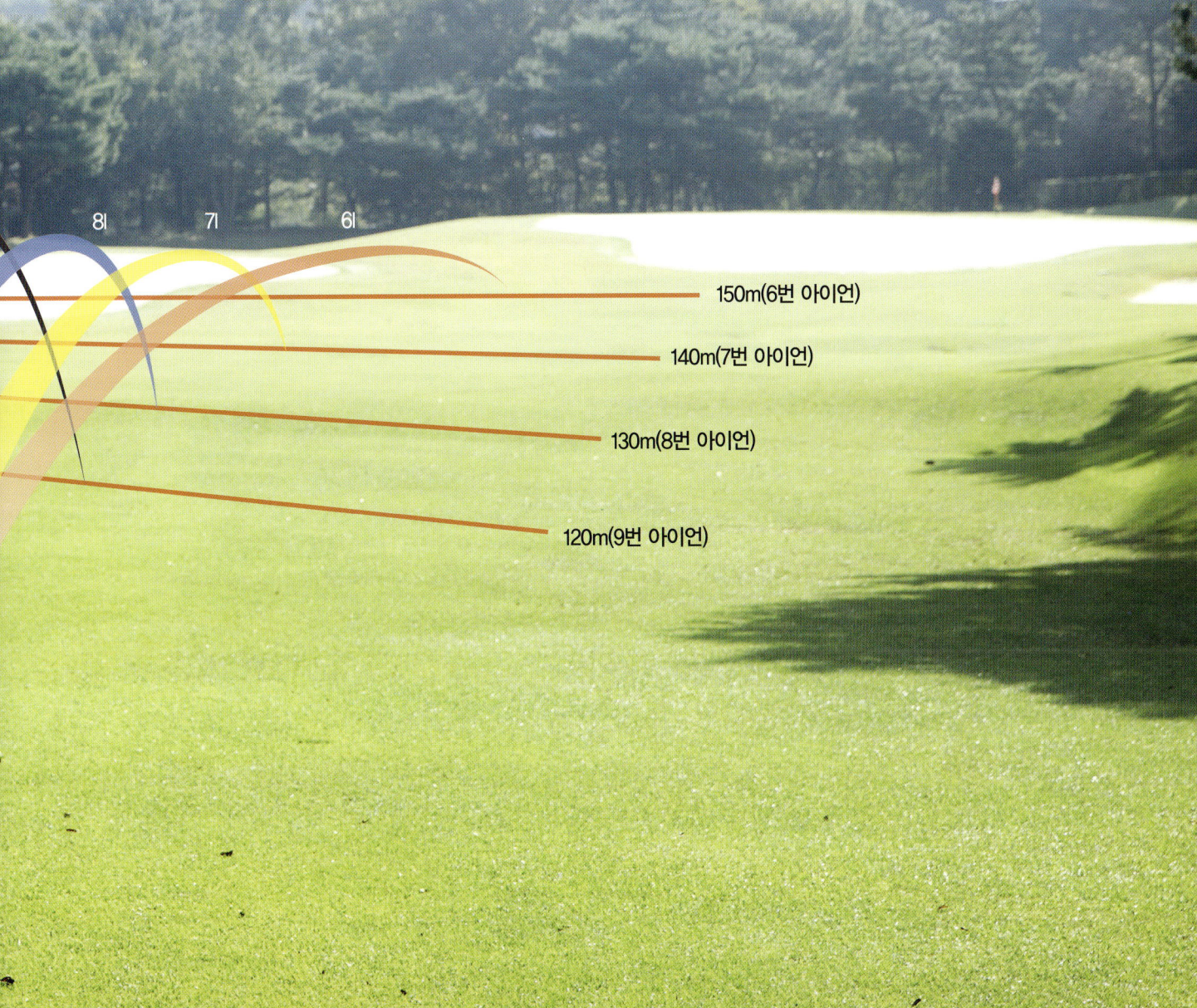

CLUB 1

클럽별 치는 방법

숏 아이언은 스윙 폼을 간결하게 한다

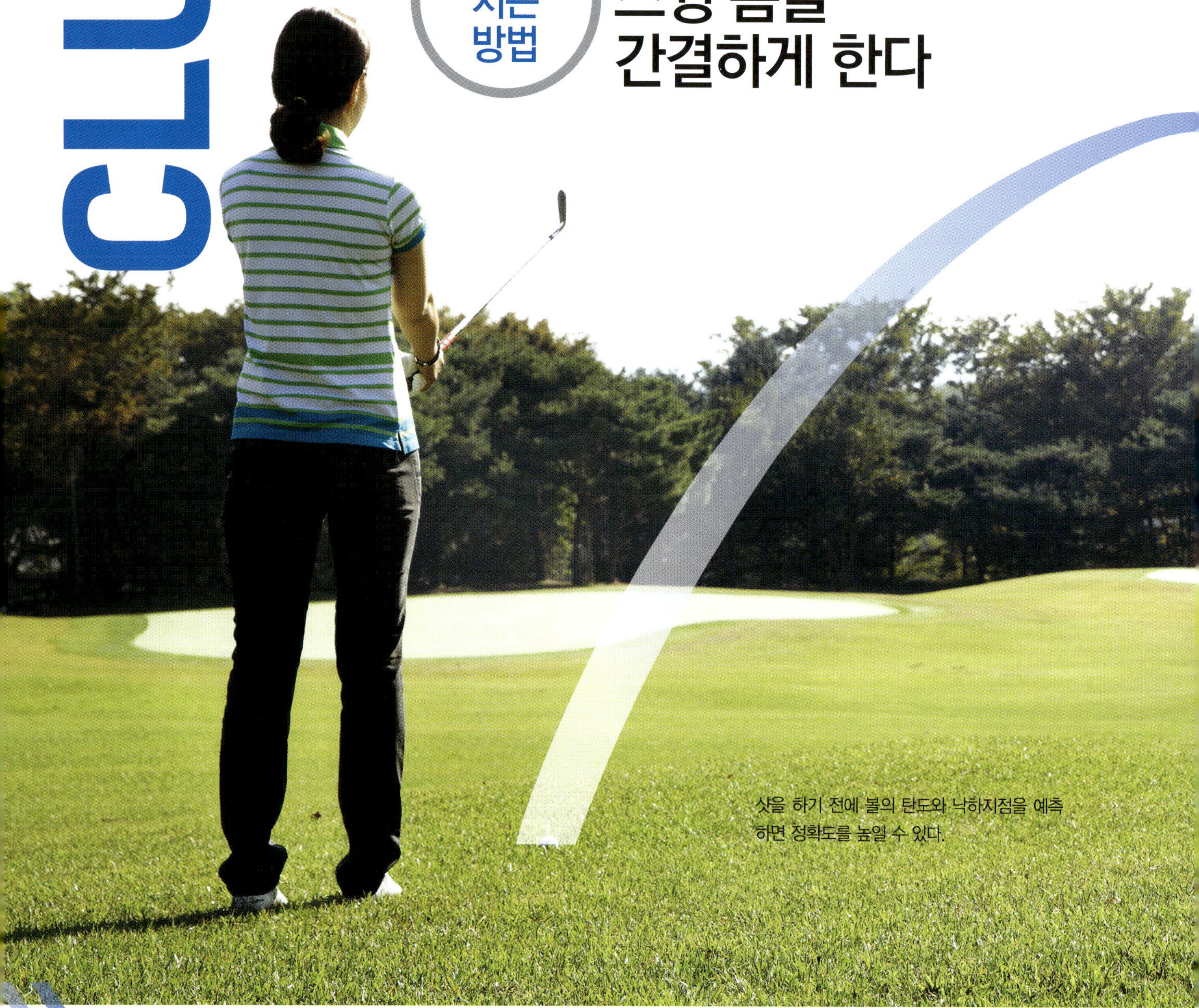

샷을 하기 전에 볼의 탄도와 낙하지점을 예측하면 정확도를 높일 수 있다.

▶ 숏 아이언 스윙 연속 동작

1 2 3 4

PART 02 **CLUB**

숏 아이언은 가장 치기 쉬운 클럽 중의 하나이다. 로프트가 커서 볼이 잘 뜨기 때문이다. 하지만 더 정교하게 쳐야 하기 때문에 그 부담감은 만만치가 않다. 정교하게 친다는 의미는 예상한대로 샷의 결과가 이루어지도록 스윙 자체가 반복되어야 한다는 것인데, 그 비결은 간결한 스윙 폼에 있다.

볼은 스탠스 중간이나 약간 오른쪽에 놓고 체중은 왼발에 60% 정도 두고 스윙을 하되 리듬감 있게 해야 한다. 보다 정교한 샷을 위해 컨트롤 샷을 할 때는 왼발 스탠스를 약간 오픈시키면 스윙도 더 간결해지고 방향성도 훨씬 좋은 샷을 할 수 있다.

볼은 스탠스 중간이나 약간 오른쪽에 놓고 체중은 왼발에 60% 정도 둔다.

클럽의 길이가 짧은 만큼 볼과의 거리도 가깝게 취한다.

척추 축을 중심으로 제자리에서 회전한다.

좌우로 많이 벗어나며 회전하면 정확도가 떨어진다.

CLUB

숏, 미들 아이언의 견고한 임팩트를 위해서는 다운 블로우를 구사한다

숏 아이언이나 미들 아이언 샷을 잘하기 위해서는 정확한 임팩트가 이루어져야 한다. 정확한 임팩트란 반드시 클럽헤드가 볼을 먼저 친 후에 지면에 닿는 과정이 이루어져야 한다. 그렇게 하기 위해서는 클럽헤드를 볼에 다소 가파르게 접근시켜 임팩트 순간에도 클럽헤드가 내려가는 다운 블로우 중에 볼이 맞아야 한다. 만일 클럽헤드가 지면에서 수평을 이루거나 올라가는 중에 볼에 맞으면 임팩트가 약해지고 탑핑이 발생하기 쉽다.

이 동작이 잘 이루어지도록 하기 위해서는 다운스윙을 엉덩이로 리드하고, 임팩트 때 손을 앞으로 더 리드시켜 볼보다 앞서게 해야 하며, 볼을 친 후 디보트가 볼 앞쪽에 생기도록 다운 블로우로 쳐야 한다.

클럽헤드를 가파르게 떨어뜨려 헤드가 볼을 먼저 치고 볼 앞쪽 지면을 치는 다운 블로우로 볼을 쳐야 한다.

PART 02 **CLUB**

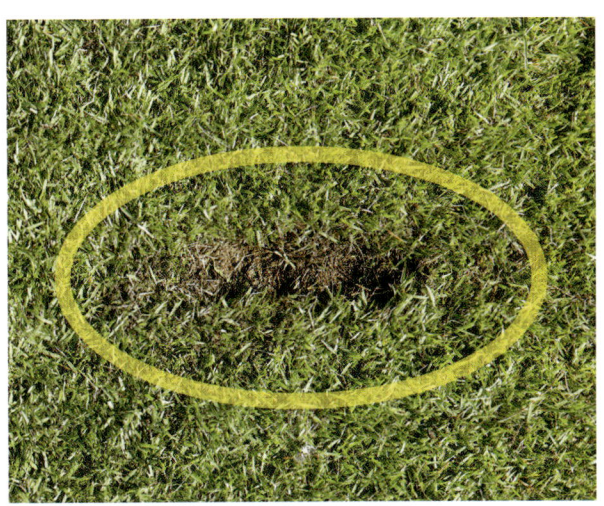

다운 블로우가 제대로 이루어지면 볼 앞쪽에 디보트가 생기게 된다.

다운스윙 때 손목이 풀리면 볼을 쓸어 치게 되어 견고한 임팩트가 이루어지지 않는다.

임팩트 때 손목이 꺾이면 볼을 퍼내는 동작으로 치게 된다.

볼을 다운 블로우로 치지 못하고 올려 치면 탄도는 높아지고 거리는 짧아진다.

CLUB

클럽별 치는 방법

롱 아이언을 잘 치기 위해서는 헤드 스피드를 높인다

롱 아이언을 잘 치려면 볼은 스탠스 중간보다 볼 1개 정도 왼쪽에 두고 체중은 오른발에 약간 더 싣는다(55% 정도). 그리고 턱은 살짝 들고 몸을 좀 더 선 자세로 셋업을 한다. 아무래도 롱 아이언을 잡으면 거리 부담을 느끼기 때문에 몸에 힘이 들어가서 경직이 되기 쉽다. 이때는 우선 멀리 쳐야 한다는 부담감을 버리는 것이 가장 중요하고, 그립을 손가락 쪽으로 잡고 몸의 힘을 최대한 뺀 채로 어드레스를 한다. 그리고 너무 파워풀한 스윙보다는 백스윙 때 어깨 회전을 충분히 해서 자연스럽고 역동적인 다운스윙이 이루어지도록 하며, 스윙 리듬을 살려 견고한 임팩트 만들기에 더 집중해야 한다. 또한 다운스윙 때 역동적인 엉덩이 회전에 맞춰서 팔도 빨리 휘둘러 클럽헤드 스피드를 충분히 높여줘야 함을 잊어서는 안 된다.

볼은 스탠스 중간에서 볼 1개 정도 왼쪽에 두고, 체중은 오른발 쪽에 약간 더 싣는다. 그리고 턱은 살짝 들고 척추를 좀 더 세운다.

▶▶ 롱 아이언 스윙 연속 동작

롱 아이언 샷의 어깨 회전은 충분히 돌아야 한다.

5 6 7

TARGET

그린 공략법

파3홀에서는 자신의 구질이나 전략에 맞춰 티 꽂는 높이와 지점을 정한다

숏 아이언 샷이거나, 찍어 치는 타입이거나, 맞바람이 부는 경우에는 티를 낮게 꽂는다.

PART 02 CLUB

파3홀에서 아이언을 칠 때는 티를 무조건 꽂고 치기 보다는 자신의 구질에 맞는 작전을 세워야 한다. 만일 볼이 왼쪽에서 오른쪽으로 날아가는 페이드(Fade) 구질이라면 티잉 그라운드의 오른편에 티를 꽂는 것이 좋고, 볼이 오른쪽에서 왼쪽으로 날아가는 드로우(Draw) 구질이라면 왼쪽 가장자리 근처가 유리하다. 볼을 찍어 치는 다운 블로우 스타일이라면 티를 낮게 꽂아야 하고 올려 치는 어퍼 블로우(Upper Blow) 스타일이라면 높게 꽂아야 한다.

대개 숏 아이언의 경우 티를 낮게 꽂고 롱 아이언으로 갈수록 높게 꽂는 것이 바람직하다. 그리고 목표방향에서 티잉 그라운드 쪽으로 맞바람이 불면 티를 낮게 꽂고 뒷바람이 불면 높게 꽂는다.

자신의 구질이 페이드(왼쪽→오른쪽)라면 티잉 그라운드 안의 오른쪽에 티를 꽂고 샷을 한다.

자신의 구질이 드로우(오른쪽→왼쪽)라면 티잉 그라운드 안의 왼쪽에 티를 꽂고 샷을 한다.

자신의 구질이 스트레이트라면 티잉 그라운드 중간에 티를 꽂고 샷을 한다.

TARGET

그린 공략법

그린을 4등분하여 안전한 곳에 볼이 떨어지도록 착지지점을 정한다

초보자들은 그린을 향해 샷을 할 때 항상 핀이 있는 곳을 직접 겨냥하여 치는 경우가 대부분이다. 하지만 이때 다시 한 번 신중하게 생각하여 그린의 형태와 그린 주변 상태를 파악하고 안전한 방법을 선택하는 것이 중요하다. 핀이 항상 그린 중앙에 있는 것이 아니고 벙커나 해저드 쪽에 가까이 있거나 오르막이나 내리막 경사지에 있는 경우도 많다. 이런 경우에는 그린을 4등분하여 어느 지점에 떨어뜨려야 위험을 줄이고 퍼팅을 편하게 할 수 있는지를 생각하고 샷을 해야 한다.

그린 주변에는 벙커, 해저드, 언덕 등 위험 지역이 많다.

이 경우에는 1번 뒤에 벙커가 있고 2, 4번 오른쪽에는 내리막 언덕이 있다. 그리고 1, 2번 뒤쪽에는 여유 공간이 좁기 때문에 3번을 향하여 공략하는 것이 좋다.

TARGET

그린 공략법

핀이 앞쪽에 있을 때는 짧은 클럽을, 뒤쪽에 있을 때는 긴 클럽을 선택한다

핀이 그린 앞쪽에 있으면 거리보다 한 클럽 짧은 것(9번 아이언)을 선택하고 더 높은 탄도의 샷을 구사한다.

그린을 공략할 때는 핀의 위치를 파악하고 어떤 샷을 해야 할지 결정해야 한다. 면적이 넓은 그린에서는 핀의 위치에 따라 3클럽까지 차이가 날 수도 있다. 만약 핀이 그린 앞쪽에 있다면 로프트가 큰 클럽(짧은 클럽)을 선택하여 볼의 탄도를 충분히 띄워서 포물선의 각도에 의해서 볼이 그린에 떨어지자마자 바로 멈추게 하는 샷을 선택하는 것이 좋다. 반대로 핀이 그린 뒤쪽에 꽂혀 있다면 그린 중앙까지의 거리보다 한 클럽 더 큰 클럽을 선택하여 비거리를 충분히 보내는 샷이 필요하다. 여기에서는 그린 중앙까지의 거리가 8번 아이언이라고 가정한다.

핀이 그린 뒤쪽에 있으면 거리보다 한 클럽 긴 것(7번 아이언)을 선택하고 충분한 거리의 샷을 구사한다.

그린 공략법

탄도가 높은 공을 칠 때는 손목을 유연하게 스윙한다

높은 탄도 스윙 연속 동작

1. 체중은 오른발 쪽에 더 둔다.
2. 손목코킹을 유연하게 한다.
3. 체중이동은 억제하고 머리를 볼 뒤에 유지한다.
4. 피니시를 높게 해준다.

PART 02 CLUB

그린을 공략할 때는 높은 탄도의 샷을 구사해야 하는 경우가 있다. 예를 들어 목표방향을 나무나 장애물이 가리고 있는 경우, 그린 앞에 벙커나 해저드가 있는 경우, 그린이 높이 솟아 있는 경우 등이다. 볼의 탄도를 높게 치고 싶다면 평상시 스윙보다 손목을 유연하게 사용해야 효과적이다. 백스윙을 할 때 왼팔을 지나치게 뻣뻣하게 펴거나 코킹이 없는 상태에서는 볼을 충분히 띄우기 어렵다.

어드레스 때 체중을 오른발 쪽에 살짝 더 두고 백스윙을 할 때 손목코킹을 유연하게 한다. 다운스윙 때는 체중이동을 억제하고 머리를 볼보다 뒤쪽에 둔다는 느낌으로 스윙을 역동적으로 하고 높은 피니시를 해주면 볼의 탄도는 자연스럽게 높아진다.

목표방향 낮은 곳에 장애물이 있는 경우에는 높은 탄도의 샷을 구사해야 한다.

백스윙 때 팔의 긴장을 풀고 유연하게 하면 손목코킹이 자연스럽게 이루어진다.

팔에 힘이 들어가면 스윙이 뻣뻣해져서 탑핑을 유발하기 쉽다.

손목코킹을 부드럽게 해주면 높은 탄도의 샷을 구사할 수 있다.

손목코킹이 안되면 높은 탄도의 샷을 구사하기 힘들다.

임팩트 때 머리를 볼보다 뒤에 두고 치면 탄도를 더 높일 수 있다.

임팩트 때 머리가 볼보다 앞서 나가면 탄도가 낮아진다.

TARGET

그린 공략법

볼의 탄도를 낮게 치려면 체중을 왼발에 싣고 볼을 눌러 친다

낮은 탄도 스윙 연속 동작

1

2

머리는 볼보다 앞서게 한다.
체중은 왼발 쪽에 더 싣는다.

3

피니시를 낮게 해준다.

4

맞바람이 불거나 나뭇가지 같은 장애물 밑으로 볼을 쳐야 할 경우에는 낮은 탄도의 샷이 필요하다. 일반 골퍼들은 이러한 상황에서 볼이 그린에 못 미칠 것 같은 불안감에 스윙을 더 강하게 하려는 경향이 있다. 그러나 이러한 고정관념이 볼의 탄도를 더 뜨게 만들어 미스 샷을 유발하게 된다.

볼의 탄도를 낮게 치기 위해서는 더 긴 클럽을 선택하여 그립을 짧게 잡고 스윙을 부드럽게 해야 한다. 다운스윙 때 체중을 왼발 쪽에 더 싣고 머리를 볼보다 앞선 상태로 두고 볼을 눌러서 치는 느낌으로 치면 강한 다운 블로우 임팩트가 되면서 볼이 낮게 날아간다.

목표방향 높은 곳에 장애물이 있거나 맞바람이 부는 경우에는 낮은 탄도의 샷을 구사해야 한다.

한 두 클럽 긴 것을 선택하고 그립을 짧게 잡는다.

탄도를 낮게 치기 위해서는 임팩트 때 머리 위치가 볼 앞쪽에 있게 한다.

임팩트 때 머리가 볼보다 뒤에 있으면 탄도가 높아진다.

탄도를 낮게 치기 위해서는 볼을 눌러 쳐야 한다.

손목코킹이 일찍 풀리면 볼이 힘없이 뜨게 된다.

TARGET

그린 공략법

슬라이스가 나는 사람은 훅을 치는 연습으로 교정한다

슬라이스(Slice)는 모든 골퍼가 한번쯤은 겪는 골프의 대표적인 고질병이다. 슬라이스는 분명히 교정할 수 있는 미스 샷이지만 개인마다 그 극복기간에는 차이가 있다. 슬라이스가 생기는 가장 흔한 원인은 스윙 궤도가 '아웃-투-인'이 되면서 볼이 비스듬히 깎여 맞거나 클럽페이스가 열려서 맞기 때문이다.

슬라이스를 고치기 위한 가장 빠르고 효과적인 방법은 반대 구질을 연습하는 것이다. 즉, 훅(Hook)을 만들어내는 연습을 하는 것이다. 먼저 스윙 궤도를 반대로 '인-투-아웃'으로 교정한 다음 클럽페이스를 닫는 연습을 해야 한다. '인-투-아웃' 연습은 클럽헤드 커버를 이용해서 하고 클럽페이스를 닫는 연습은 왼손 그립을 좀 더 스트롱 그립으로 바꾸면 된다. 또한 백스윙을 플랫하게 하면 업라이트하게 하는 것보다 슬라이스를 교정하는 데 많은 도움이 된다.

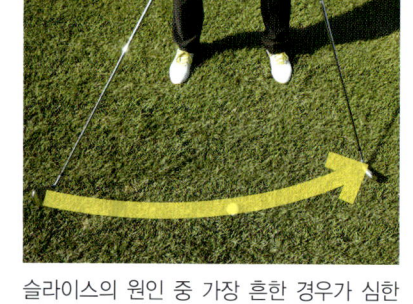

슬라이스의 원인 중 가장 흔한 경우가 심한 '아웃-투-인' 궤도이다.

PART 02 **CLUB**

'인-투-아웃'으로 궤도를 교정하기 위해 클럽헤드가 헤드커버에 닿지 않도록 하는 연습이 효과적이다.

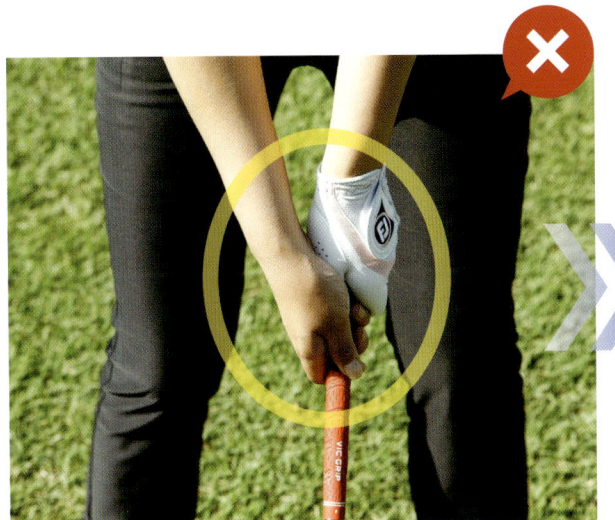 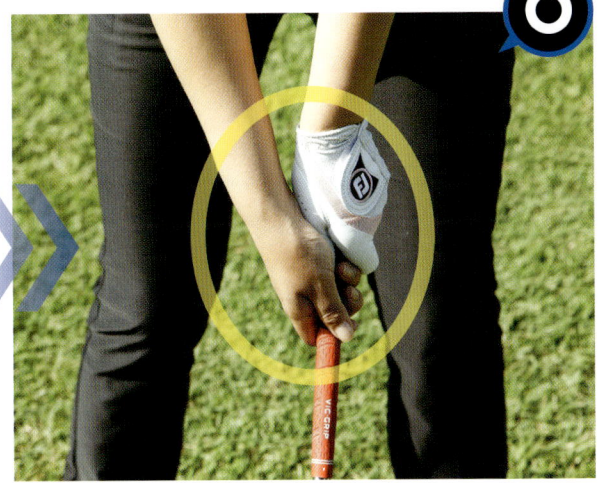

왼손등이 더 보이는 스트롱 그립으로 바꾼다.

슬라이스가 나는 사람은 업라이트한 스윙보다는 플랫한 스윙이 적합하다.

훅이 나는 사람은 슬라이스를 치는 연습으로 교정한다

그린 공략법

슬라이스가 초중급자에게서 많이 발생한다면, 훅은 상급자에게 많이 나타나는 구질이며 슬라이스보다 더 고치기 힘들다. 왜냐하면 훅은 오랫동안 굳어진 스윙 폼에서 나오는 문제이기 때문에 원상복구 시키는 데 더 많은 노력과 시간이 필요하기 때문이다.

훅은 슬라이스처럼 단순히 한 가지 궤도에서만 일어나는 문제가 아니기 때문에 일단 궤도는 '인-투-인'을 만들도록 해야 한다. 그리고 클럽페이스가 닫히지 않게 하기 위해서 그립을 좀 더 뉴트럴 그립에 가깝도록 조정해야 한다. 특히 임팩트 순간에 손목이 먼저 돌아가지 않도록 하기 위해서 손이 클럽헤드보다 앞서 갈 수 있도록 다운스윙 시 코킹을 오랫동안 유지해주는 동작이 필요하고 릴리스를 최대한 억제해야 한다.

훅의 원인 중 가장 흔한 경우가 심한 '인-투-아웃' 궤도이다.

훅이 나는 골퍼는 '인-투-인' 궤도로 수정해야 한다.

PART 02 CLUB

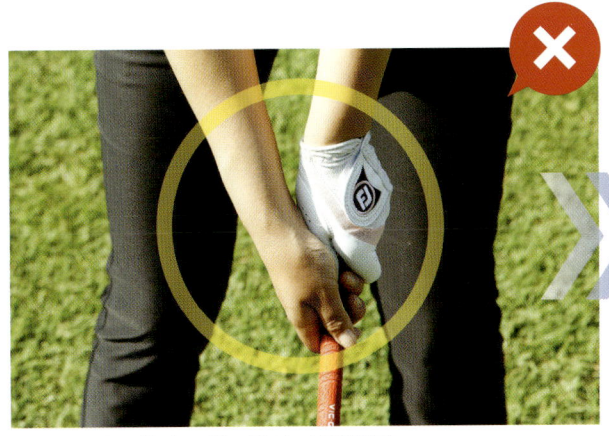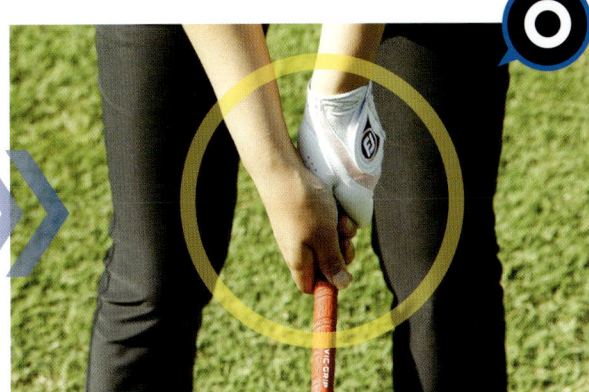

스트롱 그립보다는 뉴트럴 그립이 더 적합하다.

임팩트 때 손이 클럽헤드보다 앞서야 훅을 방지할 수 있다

양팔 로테이션이 이루어지면 훅이 심해질 수 있다. 릴리스 동작을 억제하면 훅을 방지할 수 있다.

PART 03

TROUBLE

러프, 경사지 등
상황별 샷 요령 익히기

ROUGH

러프 볼이 잔디 위에 떠있으면 티 위에 볼이 있다고 상상하고 친다 볼이 러프 지역으로 갔을 때 잔디 위에 떠있거나 결이 누운 잔디 위에 놓여 있는 경우가 있는데, 이때는 평상시의 아이언 샷을 하면 실패할 확률이 높다. 아이언 샷의 일반적인 개념, 즉 다운 블로우로 찍어 치면 볼이 공중으로 심하게 솟구치고 비거리는 짧아지는 스카이 샷(Sky Shot)이 발생할 가능성이 높다.

따라서 볼이 잔디 위에 떠있을 때는 마치 티 위에 볼이 있다고 생각하고 스윙을 해야 한다. 클럽헤드가 임팩트 존을 지날 때 수평 타격이나 약간 올려치는 느낌이 나도록 치는, 즉 쓸어 치는 타법을 구사해야 한다. 이때 머리가 볼보다 앞으로 이동되지 않고 뒤쪽에 머무를 수 있도록 하는 것이 중요하다.

볼이 잔디 위에 떠있을 때는 티 위의 볼을 치듯이 쓸어 치거나 올려치는 스윙을 해야 한다.

볼을 다운 블로우로 내려치면 볼이 높이 솟구치고 거리는 짧아지는 스카이 샷이 발생하기 쉽다.

잔디 위에 떠있는 볼을 칠 때는 머리가 볼보다 뒤쪽에 머무르게 한다.

머리가 볼보다 앞서게 되면 다운 블로우가 심해져 볼이 높이 뜨면서 거리가 짧아진다.

ROUGH

러프

볼이 중간 길이의 러프에 있으면 클럽페이스를 약간 열고 찍어 친다

볼이 얕은 러프가 아닌 중간 길이의 러프에 있다면 샷을 조금 다르게 할 필요가 있다. 러프에서 볼을 칠 때 가장 큰 영향을 미치는 요인은 첫째, 클럽헤드가 임팩트 때 잔디 결에 걸려서 저항을 받기 때문에 잘 빠져나가지 못하는 것과 둘째, 헝클어진 잔디가 클럽의 목 부분(호젤)을 감아 클럽페이스가 닫혀 볼이 왼쪽으로 날아가는 것이다.

그러므로 이러한 미스 샷을 방지하기 위해서는 클럽페이스를 미리 약간 열고 셋업을 하고, 클럽헤드가 잔디에 걸리지 않도록 스윙을 가파르게 해주는 것이 좋다. 결론적으로 말하면 클럽페이스를 약간 오픈시키고 가파르게 다운 블로우로 찍어 쳐야 한다.

클럽의 힐과 목 부분이 잔디의 저항을 받아 클럽페이스가 돌아가면서 닫히게 된다.

PART 03 TROUBLE

잔디가 너무 길면 욕심을 버리고 레이업을 해서 페어웨이의 좋은 지점으로 탈출해야 한다.

깊은 잔디에 있는 볼을 칠 때는 그립을 짧게, 약간 강하게 잡는 것이 좋다.

로프트가 큰 클럽을 선택하여 볼이 공중으로 빨리 솟구치게 해서 탈출해야 한다.

8번 아이언

7번 아이언

UPHILL

발끝 오르막

클럽을 짧게 잡고 타깃의 오른쪽을 향해 플랫하게 스윙한다

발끝 오르막일 경우에는 몸의 무게중심이 발뒤꿈치 쪽으로 쏠리게 되어 볼을 왼쪽으로 잡아당기는 풀 샷이 되거나 훅이 나기 쉽다. 또한 볼이 몸에 더 가깝기 때문에 타점이 볼 뒤 지면에서 먼저 이루어져 뒤땅이 많이 나오게 된다. 따라서 이 두 가지를 주의해서 샷을 하면 큰 실수를 줄일 수 있다.

먼저 한 클럽 길게 선택하여 그립을 짧게 잡고 볼을 스탠스 중간에 놓고 타깃의 오른쪽을 향해 에이밍을 한다. 그리고 스윙을 너무 강하지 않게 부드러우면서 플랫하게 하여 피니시 때 몸이 발뒤꿈치 쪽으로 쏠리지 않도록 균형을 잘 잡아야 한다.

발끝 오르막에서는 체중이 발뒤꿈치 쪽으로 쏠려 훅이 나기 쉽다.

PART 03 TROUBLE

한 클럽 긴 것을 선택하여 그립을 짧게 잡고, 목표방향의 오른쪽으로 에임한다.

그립을 길게 잡고 목표방향으로 직접 에이밍을 하면 훅이 나기 쉽다.

발끝 오르막에서는 스윙 궤도를 약간 플랫하게 하고 부드럽게 스윙한다.

백스윙 궤도가 가파르면 뒤땅을 치거나 임팩트가 부정확해지기 쉽다.

발끝 오르막 스윙 연속 동작

1. 목표의 오른쪽을 향하고 그립은 짧게 잡는다.
2. 백스윙은 플랫하게 한다.
3. 뒤땅에 주의하며 임팩트 한다.
4. 체중이 뒤꿈치에 쏠리지 않도록 균형을 잡는다.

DOWN HILL

발끝 내리막

무릎과 척추각도를 유지하며 팔 위주로 스윙한다

발끝 내리막인 경우에는 볼이 몸에서 더 멀어지기 때문에 탑핑을 할 가능성이 높고, 체중이 볼 쪽으로 쏠리기 때문에 볼이 오른쪽으로 밀리는 푸시나 푸시 슬라이스가 나기 쉽다. 이때는 한 클럽 더 길게 선택하고 무릎을 더 구부린 채로 체중을 발뒤꿈치 쪽에 두어 하체의 균형을 잘 잡아야 한다. 그리고 푸시 구질을 고려해서 에이밍을 왼쪽으로 하고 스윙은 가파르게 하는 것이 좋다. 과도한 몸 통회전 보다는 팔 위주의 스윙을 하고 릴리스는 적극적으로 하며 스윙 후 몸이 볼 쪽으로 쏠리지 않도록 균형을 잘 유지해야 한다.

발끝 내리막에서는 체중이 발앞꿈치 쪽으로 쏠려 슬라이스가 나기 쉽다.

PART 03 IRON

발끝 내리막 스윙 연속 동작

몸통 회전보다는 양팔을 사용하여 릴리스를 적극적으로 한다.

몸통 회전을 너무 크게 하면 임팩트 축이 무너진다.

발끝 내리막이라고 해서 허리를 많이 구부리고 무릎을 펴서는 안 된다.

발끝 내리막에서는 체중을 뒤꿈치 쪽에 두고 허리를 조금 펴고 무릎을 구부린다.

체중이 볼 쪽으로 쏠리면 균형이 무너진다.

몸의 균형이 내리막 쪽으로 쏠리지 않아야 한다.

DOWN HILL

왼발 내리막

볼을 오른쪽에 놓고 백스윙을 가파르게 하며 경사면을 따라 내려 친다

왼발이 낮은 내리막은 경사면 샷 중 가장 어렵다. 볼 뒤쪽의 지면이 높아 뒤땅이 자주 나오고 샷의 탄도는 낮아지며 많이 구르게 된다. 또한 경사면으로 인하여 몸의 무게중심이 내리막 쪽으로 쏠려 탑핑도 종종 일어난다. 그리고 스윙 때는 팔의 로테이션 동작이 어려워져서 임팩트 때 클럽페이스가 열려 슬라이스가 나는 경향도 있다.

따라서 어드레스 때 어깨를 경사면에 평행하게 하고, 뒤땅을 방지하기 위해 볼을 오른쪽에 놓고, 손을 볼보다 앞으로 기울인 다음 타깃의 왼쪽을 향해 에이밍을 한다. 백스윙 때는 코킹을 이용해서 가파르게 3/4 스윙만 하고 임팩트 존에서는 릴리스를 적극적으로 하여 클럽헤드가 경사면을 따라 내려가도록 샷을 해야 한다.

INFO

왕초보를 위한 골프상식

 # 클럽의 종류

골프 클럽은 크게 우드 클럽과 아이언 클럽으로 나뉜다.

우드(Wood) 클럽

우드 클럽의 경우 과거에는 헤드 부분이 나무로 만들어졌기 때문에 우드라고 부르게 된 것인데, 요즘에는 티타늄이나 스테인리스 등으로 만들어진다. 우드 클럽은 샤프트(클럽헤드에서 그립까지의 부분)의 길이가 길고, 비거리를 내는 것이 목적인만큼 주로 티 샷이나 거리를 많이 보내야 하는 세컨샷을 할 때 이용한다. 3번 이후의 클럽을 페어웨이 우드라고 부르며, 번호가 작을수록 볼이 낮게 날아가고 비거리가 늘어난다.

아이언(Iron) 클럽

아이언 클럽은 클럽헤드가 연철이나 특수 스테인리스, 티타늄 복합제 등의 금속으로 만들어지며, 클럽헤드의 크기가 우드 클럽보다 훨씬 작다. 아이언은 그린이나 핀을 공략하는 것이 목적이며, 우드보다 샤프트 부분이 짧아 사용하기 쉽기 때문에 초보자는 일반적으로 아이언으로 연습을 시작하게 된다. 우드와 마찬가지로 번호가 커질수록 볼이 높게 날아가고, 비거리는 짧아진다.

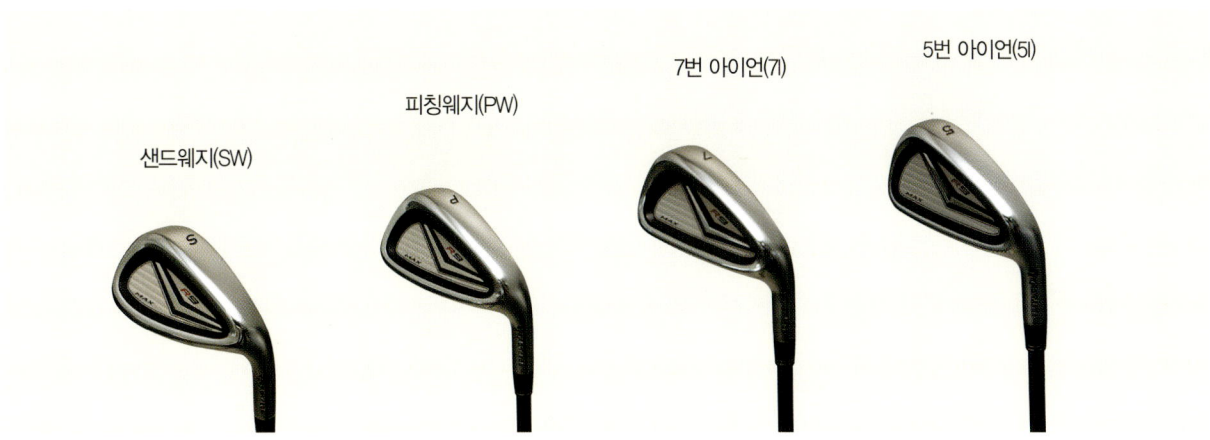

클럽헤드

우드와 아이언은 공통적으로 클럽페이스(클럽헤드의 면, 타구면)에 로프트(클럽페이스가 기울어진 각도)가 있으며, 로프트가 작은 순으로 1번부터 9번까지 번호가 정해져 있다. 우드의 1번을 드라이버, 2번을 브래시, 3번을 스푼, 4번을 버피, 5번을 클리크라고도 한다. 반면 아이언의 1~4번을 롱 아이언, 5~6번을 미들 아이언, 7~9번을 숏 아이언이라 부른다.

또한 아이언 클럽에는 이 외에 어프로치 샷을 위한 피칭웨지(PW)와 벙커 샷을 위한 샌드웨지(SW)가 있다(피칭웨지보다 짧은 거리의 어프로치용으로 어프로치웨지(AW)로 불리는 클럽도 있다.).

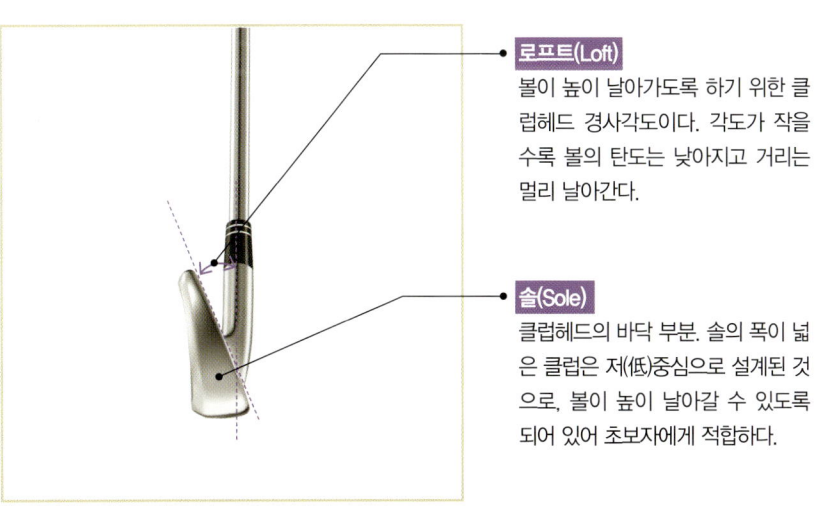

로프트(Loft)
볼이 높이 날아가도록 하기 위한 클럽헤드 경사각도이다. 각도가 작을수록 볼의 탄도는 낮아지고 거리는 멀리 날아간다.

솔(Sole)
클럽헤드의 바닥 부분. 솔의 폭이 넓은 클럽은 저(低)중심으로 설계된 것으로, 볼이 높이 날아갈 수 있도록 되어 있어 초보자에게 적합하다.

TIP 클럽별 적정 비거리(1야드=0.912미터)

우드 클럽

종류	남성	여성
1번 우드(드라이버)	240야드	200야드
2번 우드(브래시)	230야드	190야드
3번 우드(스푼)	220야드	180야드
4번 우드(버피)	210야드	170야드
5번 우드(클리크)	200야드	160야드

아이언 클럽

종류	남성	여성
1번 아이언	210야드	160야드
2번 아이언	200야드	150야드
3번 아이언	190야드	140야드
4번 아이언	180야드	130야드
5번 아이언	170야드	120야드
6번 아이언	160야드	110야드
7번 아이언	150야드	100야드
8번 아이언	140야드	90야드
9번 아이언	130야드	80야드
피칭웨지(PW)	120야드	70야드
샌드웨지(SW)	70야드	50야드

*단, 개인에 따라 편차가 있으므로 자신만의 거리를 숙지해야 한다.

TIP 하이브리드(Hybrid) 클럽

하이브리드(유틸리티)는 페어웨이 우드와 아이언 중간 정도에 해당되는 클럽으로, 롱 아이언에 익숙하지 않은 사람에게 추천한다. 클럽헤드의 크기가 우드보다는 작지만 아이언보다는 커서 초보자도 쉽게 다룰 수 있으며, 아이언보다 비거리가 잘 나온다. 러프나 경사면 등에서도 사용할 수 있기 때문에 활용 빈도가 높은 편리한 클럽이다.

퍼터

골프클럽에는 이 외에 그린 위에서 볼을 굴리기 위한 퍼터가 있다. 퍼터는 클럽헤드의 모양과 샤프트의 길이에 따라 다양한 형태가 있지만, 클럽헤드 모양에 따라 L자형, T자형, D자형, 핀형 등 4가지 타입이 있다. 헤드의 재질은 아이언과 마찬가지로 티타늄이나 스테인리스 등이 일반적이다. 시험삼아 쳐보고 자신에게 적합한 것을 선택하도록 하자.

TIP 캐디백에는 클럽을 14개까지 넣을 수 있다

코스에서 플레이를 할 때 사용가능한 클럽의 개수는 14개로 정해져 있다. 우드는 주로 티 샷을 할 때 사용하는 드라이버와 롱샷을 할 때 사용하는 페어웨이 우드가 있다. 페어웨이 우드 대신 샤프트가 짧은 유틸리티 클럽을 사용하는 사람도 있다. 아이언은 그린이나 핀을 공략하는 클럽이며, 어프로치용으로는 피칭웨지나 어프로치웨지, 샌드웨지 등이 많이 사용된다. 클럽은 자신의 플레이 스타일에 맞추어 구성하면 된다.

TIP 우드는 4개, 아이언은 5번부터 넣는 것이 일반적이다

일반적인 남성 골퍼라면 우드는 4개(드라이버, 3번, 5번, 7번), 아이언은 5개(5번~9번), 웨지 3개 그리고 퍼터를 선택할 것을 권한다. 활용하기 힘든 3번, 4번 롱아이언 대신 5번 우드나 7번 우드를 사용하면 타수를 조금 더 쉽게 줄일 수 있다. 5번이나 7번 우드가 자신과 잘 안 맞는 사람은 유틸리티 클럽을 사용해 보는 것도 좋다. 근력이 부족한 남성이나 일반 여성은 5~6번 아이언 대신 9번이나 11번 우드를 선택하는 것도 좋은 방법이다.

 클럽의 구조와 명칭

클럽의 구조는 크게 클럽헤드, 샤프트, 그립 등 3가지 부분으로 나눌 수 있다. 클럽헤드는 우드 클럽과 아이언 클럽에 따라 모양이 다르며, 클럽페이스의 로프트도 클럽마다 차이가 있다. 로프트는 볼을 띄우는 역할을 하는데, 로프트가 클수록 클럽페이스 각도가 크므로 볼은 높이 뜨게 된다. 단, 비거리는 반대로 짧아진다.

샤프트는 클럽헤드와 그립을 이어주는 부분으로, 재질에 따라 스틸 샤프트와 그라파이트 샤프트로 나누어진다. 스틸 샤프트는 다소 무겁지만 비틀림이 적어 그라파이트 샤프트보다 방향성과 비거리가 일정하다. 대개 프로골퍼나 구력이 오래된 골퍼, 남성 골퍼들은 스틸 샤프트를 사용하고, 초보나 여성 골퍼들은 그라파이트 샤프트를 사용하는 경향이 있다. 샤프트는 탄성이나 무게에 따라 보통 5가지 그레이드가 있는데, 이 부분에 대해서는 골프 클럽 선택 요령에서 설명하도록 하겠다. 보통 드라이버 샤프트의 길이는 43~45인치 전후가 일반적이며, 클럽 번호가 내려갈수록 0.5인치(약 1.27cm)씩 짧아진다.

클럽 솔을 지면에 딱 맞게 올렸을 때 지면과 샤프트 사이에 생기는 각도를 라이각이라고 한다. 이 라이각은 클럽의 번호가 작을수록 커지도록 설계되어 있기 때문에, 드라이버와 숏 아이언을 비교해보면 숏 아이언의 샤프트가 수직에 가깝다.

그립은 소위 말하는 클럽의 손잡이 부분으로 고무 재질이 일반적이다. 가죽 재질의 그립도 있지만 대개 가격이 비싸고, 미끄러지기 쉬워 별로 추천하지 않는다. 경기 규칙 상 퍼터 이외의 클럽은 그립의 횡단면을 원형으로 규정하고 있어, 잡기 쉽도록 표면을 울퉁불퉁하게 만들면 실격이 된다.

우드 클럽

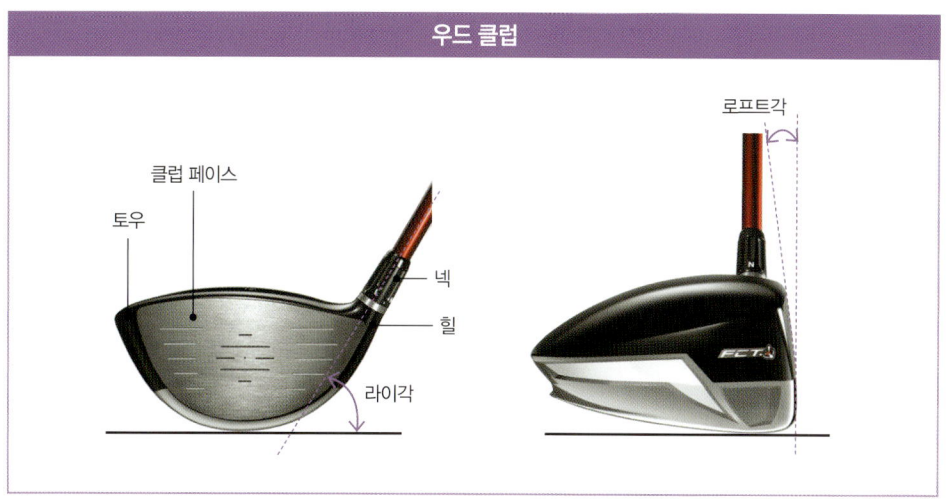

아이언 클럽

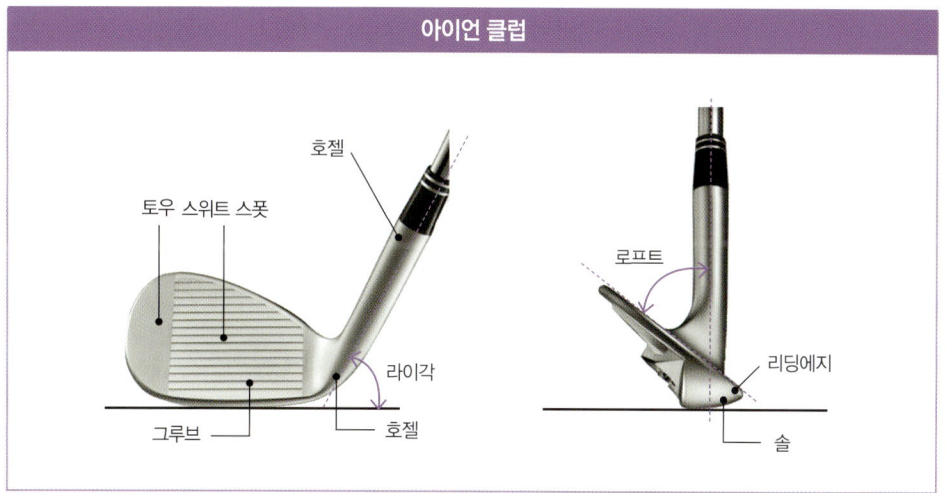

 클럽 선택 요령

초보자가 처음부터 자신에게 맞는 클럽을 선택하기란 매우 어렵다. 어느 정도 스윙이 몸에 익숙해진 골퍼라면 자신의 장점은 살리면서 단점은 보완해주는 클럽을 선택하면 된다. 그러나 초보처럼 그러한 기준이 없는 골퍼는 결국 브랜드 이미지나 디자인, 가격, 평가만으로 판단하기 쉽다.

골프클럽은 고가인만큼 한 번 구입하면 오랫동안 사용하게 된다. 그러므로 생애 처음 골프 클럽을 사려는 사람은 아래의 5가지 포인트에 주의하여, 주변 사람이나 판매점 상담원과 상담한 후 자신에게 적합한 것을 선택하길 바란다. 시타가 가능한 샵이라면 반드시 쳐볼 것을 권장한다.

POINT 01　샤프트는 너무 딱딱하지 않은 것을 고른다

앞에서 설명한대로 샤프트는 재질에 따라 스틸과 그라파이트 2가지 타입이 있는데, 초보자에게는 그라파이트 샤프트를 추천한다. 스틸에 비해 가격은 약간 비싸지만, 가볍고 다루기 쉬워 초보자가 사용하기에 무리가 없다.

샤프트는 강도에 따라 아래 표와 같이 5단계로 분류되는데, 일반 남성이라면 R로 시작하는 것이 좋다. 딱딱한 샤프트일수록 클럽헤드의 활용이 예민해지며, 근력이 약하거나 스윙 스피드가 느리면 샤프트의 특징을 활용할 수 없어 오히려 비거리 저하를 가져오게 된다.

샤프트의 종류와 특징

강도	명칭	특징
X	엑스트라	가장 딱딱함. 주로 프로용
S	스티프	딱딱함. 프로나 상급자용
R	레귤러	보통. 일반 남성용
A	에버리지	약간 부드러움. 힘이 약한 남성 또는 강한 여성용
L	레이디스	부드러움. 일반 여성용

POINT 02　헤드 스피드에 맞는 클럽을 선택한다

초보자에게 클럽은 무거운 것보다 가벼운 것이 다루기 쉽지만, 단순히 중량이 가볍다고 해도 스윙 웨이트가 무거우면 의미가 없다. 스윙 웨이트란 스윙을 할 때 느끼는 균형감 또는 무게감을 말하는 것으로, 클럽헤드와 그립 사이의 무게 분배를 의미한다. 즉, 클럽헤드 쪽이 무거우면 스윙 웨이트가 높고, 그립 쪽이 가벼우면 스윙 웨이트가 낮다. 수치는 A0부터 G0까지 있으며 A쪽으로 갈수록 헤드가 가벼운 느낌이 들고, G로 갈수록 헤드가 무거운 느낌이 든다.

스윙 웨이트는 자신의 스윙 스타일, 근력, 헤드 스피드 등 여러 가지 요소에 따라 적합한 치수가 다르므로 어떤 것이 좋다고 정할 순 없다. 그러므로 클럽을 선택할 경우 샵에서 자신의 스윙을 측정해보고, 수치에 맞는 것을 선택하는 것이 중요하다.

POINT 03 라이각은 반드시 체크한다

정확한 스윙을 몸에 익히기 위해서는 스윙 플레인(스윙 시 클럽헤드가 그리는 궤도)이 일정하지 않으면 안 되는데, 그 전제조건이 바로 어드레스 때의 라이각이다. 이 각도가 맞지 않으면 스윙이 너무 플랫(지면에 대해 평행에 가까운 스윙)해지거나, 반대로 너무 업라이트(지면에 대해 수직에 가까운 스윙)가 되므로 주의해야 한다.

이 라이각은 키나 팔 길이에 따라 다르나, 어드레스를 정확히 하고 클럽을 지면에 내려놓았을 때 솔이 지면에 딱 맞는 각도가 가장 좋다. 자세를 정확하게 잡아도 토우가 뜨는(업라이트) 클럽은 슬라이스가 되기 쉽고, 반대로 힐이 뜨는(플랫) 클럽은 훅의 요인이 된다.

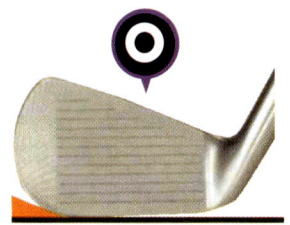

POINT 04 초보자용 우드는 스테인리스 메탈이 적합하다

우드는 클럽헤드가 금속으로 만들어져 메탈헤드가 주류를 이루고 있다. 현재 시판되고 있는 메탈헤드의 소재는 스테인리스, 티타늄, 알루미늄 등 3가지이다. 이 중에서 비교적 가격도 저렴하고 다루기도 쉬운 스테인리스 재질의 클럽이 초보자에게 적합하다. 티타늄이나 알루미늄합금의 클럽은 고가인데다 샤프트 길이가 45인치 이상인 '장척 샤프트'가 장착된 제품이 많이 출시되어 초보자는 조금 다루기 어렵다.

최근 클럽헤드는 스위트 스팟을 넓히기 위해 헤드의 대형화가 진행되고 있다. 티타늄이나 알루미늄합금이 사용되는 이유도 스테인리스에 비해 가볍기 때문에 중량이 늘어나지 않으면서 헤드를 크게 할 수 있기 때문이다. 드라이버라면 헤드 용량이 300~460cc 정도, 샤프트 길이는 44인치 이하, 로프트는 10.5도 이상인 것이 초보자용 스펙이다.

또한 같은 드라이버라도 클럽페이스의 높이가 두꺼운 것보다 조금 얇은 타입이 중심의 위치가 낮아지기 때문에 치기 쉽다.

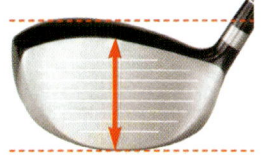
상급자용

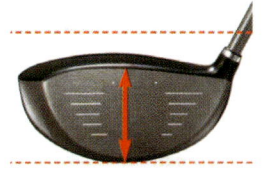
초보자용

 골프공의 종류와 선택 요령

골프공의 크기
현재 시판되고 있는 볼은 그 크기에 따라 직경 41.15㎜인 스몰 사이즈와 42.67㎜의 라지 사이즈 두 종류가 있는데, 1990년부터는 개정된 USGA(미국 골프협회) 규정에 따라 42.67㎜ 이상의 볼을 사용하게 되었다. 일반적으로 스몰 사이즈의 볼은 공기 저항을 적게 받기 때문에 비거리가 뛰어나고, 라지 사이즈의 볼은 백스핀이 잘 걸리며 볼이 흙 속에 잘 묻히지 않는다는 장점이 있다.

골프공의 경도
골프공에는 일정한 힘을 가했을 때 변형되어지는 정도를 표시하는 경도가 표시되어 있다. 경도는 대개 볼의 표면에 인쇄되어 있는 숫자의 색에 의해 나누어지는데, 파란색(80), 빨간색(90), 검정색(100)의 3가지로 구분된다. 숫자가 클수록 경도가 강하므로 파란색은 여성, 빨간색은 일반 남성, 검정색은 프로나 힘이 강한 골퍼들에게 적합하다.

일반적으로 볼이 단단할수록 임팩트 때 반발력이 커져서 비거리가 많이 나오는데, 반발력을 살리기 위해서는 그에 상당하는 헤드 스피드가 필요하다. 경도가 낮은 볼은 임팩트 시 클럽과의 접촉시간이 길어서 백스핀이 많이 걸리고, 힘이 약한 사람이 볼을 쳐냈을 때에도 볼이 잘맞고 방향성도 뛰어나다.

골프공의 딤플
골프공의 표면에는 원형으로 움푹 패인 자국이 여러 개 있는데, 이것을 딤플(Dimple)이라고 부른다. 이 딤플에는 공기저항을 줄임과 동시에 양력(볼을 올리는 힘)을 높여주는 기능이 담겨 있다. 딤플이 있는 볼과 없는 볼을 비교한 실험 결과, 딤플이 있는 볼의 양력이 2~5배 정도 크고, 공기저항은 3/5 정도 작아 비거리가 크게 향상되었다.

단, 딤플수가 많을수록 비거리가 점점 늘어나는 것은 아니며, 딤플의 면적이나 깊이가 미묘한 영향을 미치는 정도이다.

골프공의 종류

골프공은 구조에 따라 고형볼과 와운드볼로 나뉘어진다. 고형볼은 원피스볼, 투피스볼, 스리피스볼, 포피스볼로 나뉘고, 와운드볼은 고형심볼과 액체심볼로 나뉘어진다.

원피스볼	원피스볼은 전체가 고무와 합성수지의 복합 고탄성체로 형성되어 있어 타구 감각이나 감촉, 비거리 스핀이 떨어지지만 값이 저렴하다. 볼을 잃어버리기 쉬운 초보자들이 많이 사용하며, 연습장볼로도 이용된다.
투피스볼	합성고무와 강화커버의 두 부분으로 이루어졌으며, 볼의 런이 많아 비거리를 내는 데 적합하다. 대신 흠집이 잘 생기고, 타구 시 느낌이 딱딱하며, 정확성을 노리는 샷을 할 때에는 목표를 벗어날 우려가 있다.
스리피스볼	볼의 중심 부분에 고무실을 감고 그 위에 커버를 씌운 것으로 방향성이 좋고 스핀이 잘 걸려 프로와 싱글골퍼들이 애용하고 있다.
포피스볼	스리피스볼의 변형으로 드라이버의 스핀은 낮추고 어프로치의 스핀은 높여 클럽별로 고난도 컨트롤 샷을 가능하게 한 것이 특징이다.

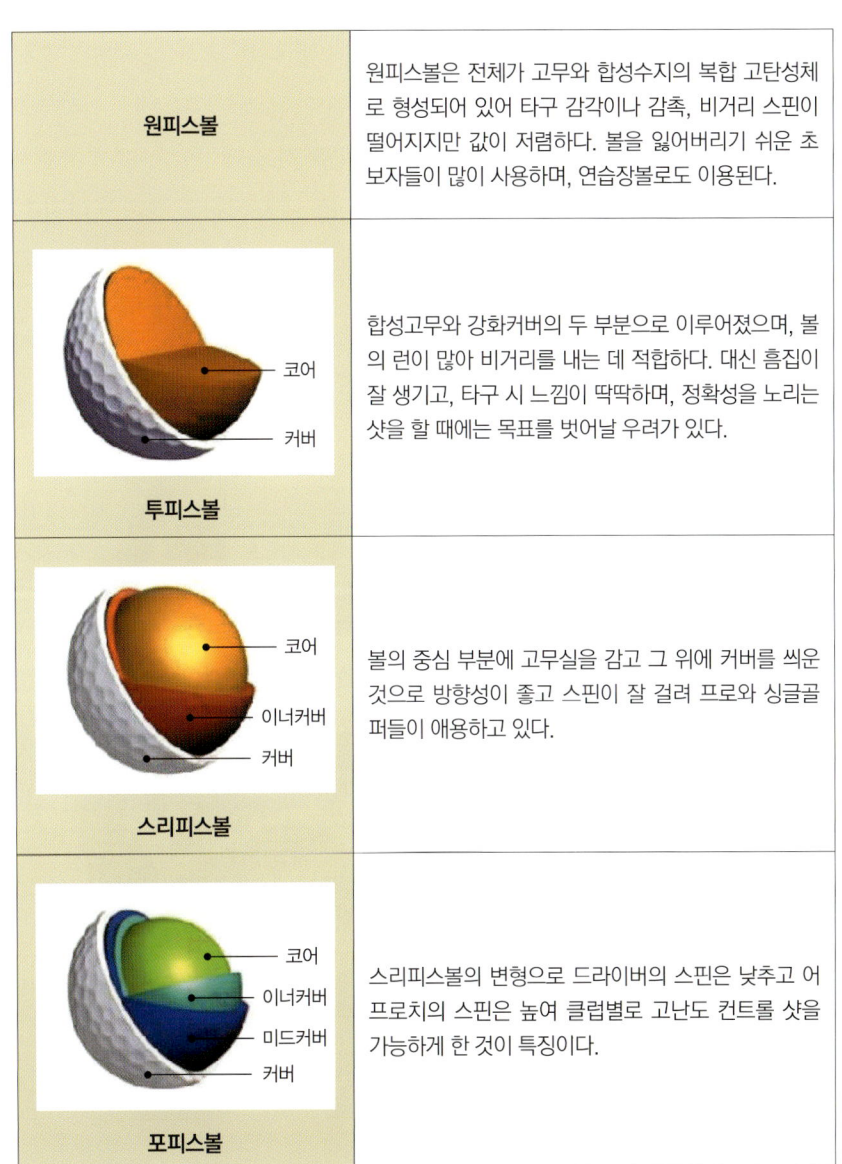

COURSE

05 골프장의 구성

골프 코스는 거리가 각기 다른 18홀의 집합체

골프 코스는 일반적으로 1번부터 18번까지의 18개 홀로 구성되어 있다. 물론 9홀이나 27홀, 36홀 또는 72홀이라는 광대한 코스도 있지만, 어디까지나 코스의 기본은 18홀이다. 18홀 거리의 합계는 평균 6,000~7,000야드(1야드 =0.912미터)에 달한다.

코스를 구성하는 18개 홀 중에서 1~9번 홀까지를 아웃 코스, 10~18번 홀까지를 인코스라고 한다. 120년 역사의 스코틀랜드 링크스 코스는 클럽하우스를 나와 1번 홀부터 플레이를 시작한 후 9번 홀까지 플레이한 곳에서 유턴하여, 10~18번 홀을 플레이하도록 설계되었다. 즉, 18홀 모두를 플레이 하지 않으면 클럽하우스에 돌아갈 수 없었다. 현재 골프장의 아웃 코스, 인 코스라 불리는 것도 이때의 going out(클럽하우스를 나오다)와 coming in(클럽하우스에 돌아오다)에서 유래된 것이다.

골프장의 구성

홀의 구성

1~18번까지의 각 홀은 티잉 그라운드에서 그린까지의 거리에 따라 파3, 파4, 파5의 3개로 나뉘어져 있다. 일반적으로 18홀의 구성은 파5홀 4개, 파4홀 10개, 파3홀 4개로 구성되어 있어 거리 합계가 6,000~7,000야드에 이른다.

각 홀의 거리는 티잉 그라운드에서 페어웨이의 중앙을 거쳐 그린의 중심까지를 수평거리로 재는 것으로, 티마크나 홀(컵)의 위치가 변해도 표시 자체는 변하지 않는다. 다만 그 날의 핀 위치 등에 따라 각 홀의 거리는 다소 달라질 수 있다.

파3

티잉 그라운드에서 그린까지의 거리가 250야드 이하(여성의 경우는 210야드 이하)의 홀을 파3라 하고, 파(기준 타수)는 3이 된다. 티잉 그라운드로부터 한 번에 그린에 올리고, 2퍼트로 홀 아웃 하는 것이 기본이다.

파3홀

파4

티잉 그라운드에서 그린까지의 거리가 251~470야드까지의 홀을 파4라 하고, 파는 4가 된다. 티잉 그라운드로부터 2타에 그린에 올리고, 2퍼트로 홀 아웃하는 것이 기준이다. 여성의 경우는 211~400야드까지가 파4가 된다.

파4홀

파5

티잉 그라운드에서 그린까지의 거리가 471야드 이상 되는 홀로, 파는 5가 된다. 티잉 그라운드부터 3타에 그린에 올리고 2퍼트로 홀 아웃하는 것이 기준이다. 여성의 경우는 401~575야드가 파5가 되고, 576야드 이상은 파6가 된다.

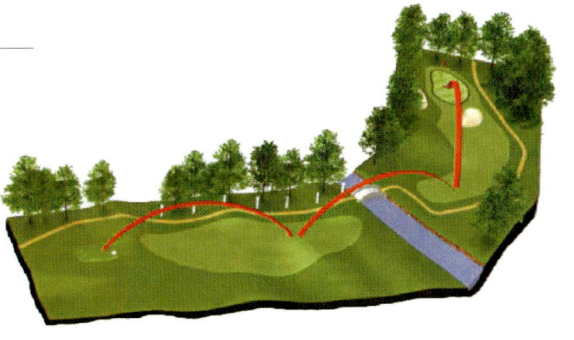

파5홀

홀의 구조

코스는 18홀로 구성되어 있고, 18홀은 파3, 파4, 파5홀로 되어 있다. 홀의 거리에 따른 차이는 있겠지만, 한 홀의 구조는 거의 같다. 다음의 명칭을 알아두자.

티잉 그라운드(Teeing Ground)

그 홀의 제 1타를 치는 출발점을 말한다. 통상 티잉 그라운드는 페어웨이보다 지대가 조금 높게 올라와 있고 티잉 그라운드의 범위를 알려주는 티마커(말뚝과 같은 모양)가 놓여 있다. 티마커를 넘어가지 않는 구역 안에서 볼을 티업하여 칠 수 있다.

또한 티잉 그라운드에는 거리별로 백 티(클럽 경기나 프로의 토너먼트 등에 사용)와 레귤러 티(통상의 라운드에서 남성이 사용), 레이디스 티(여성용)의 3가지가 있는 것이 일반적이다. 이것에 따라 거리별 핸디캡을 어느 정도 해소하여 플레이를 공평하게 할 수 있다.

OB 지역(OB Area)

아웃 오브 바운드(out of bound)의 약칭으로 플레이 금지구역을 말한다. 통상 이 지역은 페어웨이 양쪽 바깥쪽에 흰색 말뚝으로 표시되어 있으며, 이곳에 들어간 볼은 플레이되지 못하고 직전에 친 위치에서 1벌타를 부여받고 다시 쳐야 한다.

스루 더 그린(Through the Green)

그 홀의 티잉 그라운드와 그린 그리고 코스 내 모든 해저드(장애물)를 뺀 코스 내 모든 부분을 말한다. 일반적으로는 페어웨이나 러프, 숲 등을 가리킨다. 페어웨이란 티잉 그라운드에서 그린 사이의 잔디가 짧게 잘 깎여 있는 부분을

말하며, 페어웨이로 볼을 쳐 가는 것이 플레이의 기본이 된다.
러프는 페어웨이의 양쪽 바깥 부분으로 잔디나 나무가 무성한 부분을 말한다. 미스 샷을 유도하거나 공략을 어렵게 하는 목적 외에도 홀과 홀을 구분하기 위해 설계되어 있다.

해저드(Hazard)

해저드란 원활한 경기 진행을 어렵게 만드는 벙커와 바다, 연못, 냇물, 수풀 등의 자연 장애물을 말한다. 벙커는 모래로 뒤덮인 움푹 파인 땅으로, 미스 샷을 하게 하거나 전략이 필요한 홀을 구성하기 위해 만들어져 있다. 페어웨이와 평행하게 좌우에 있는 벙커를 사이드 벙커(또는 페어웨이 벙커), 페어웨이로 크게 파고드는 벙커를 크로스 벙커, 그린을 싸고 있는 것처럼 놓여 있는 벙커를 가드 벙커라고 부른다.

그린(Green)

각 홀마다 깃대와 홀컵이 있는 곳으로, 퍼팅을 위해 잔디가 짧게 잘 정비된 장소를 말한다. 그린 위에는 홀이라 불리는 구멍이 있어, 볼을 몇 타 만에 홀에 넣느냐로 스코어가 달라진다. 홀의 크기는 직경 4.25인치(약 108㎜), 깊이는 4인치(약 100㎜) 이상으로 정해져 있고, 홀의 위치는 고정된 것이 아니라 계속 변동하게 된다. 그린에는 홀의 위치를 표시하기 위해 깃발이 세워진다.

06 타수 계산 방법

파3, 파4, 파5 등 각 홀의 기준 타수를 파(Par)라고 부르며, 파보다 적거나 많은 타수로 홀 아웃했을 때 다음과 같은 명칭이 있다.

파 기준 타수	명칭	설명
-3	알바트로스 (Albatross)	파보다 3타 적은 타수로 홀 아웃한 경우를 알바트로스(신천옹의 의미)라고 한다. 파5홀은 2타로 홀 아웃하는 경우를 말하는데, 장타 선수가 아니면 거의 실현 불가능하다.
-2	이글 (Eagle)	파보다 2타 적은 타수로 홀 아웃한 경우를 이글(독수리의 의미)이라고 한다. 파5홀은 3타(2온, 1퍼트 등), 파4홀은 2타로 홀 아웃하면 이글이 된다. 단, 파3홀은 한 번에 넣어야 이글 스코어가 되는데, 이때는 이글이 아닌 홀인원이라고 한다.
-1	버디(Birdie)	파보다 1타 적은 타수로 홀 아웃한 경우를 버디(작은 새의 의미)라고 한다. 파5홀은 4타, 파4홀은 3타, 파3홀은 2타로 각각 홀 아웃하면 버디가 된다.
0	파(Par)	기준 타수로 홀 아웃한 경우를 파라고 한다. 파5홀은 5타, 파4홀은 4타, 파3홀은 3타로 각각 홀 아웃하면 파가 된다.
+1	보기(Bogey)	파보도 1타 많은 타수로 홀 아웃한 경우를 말한다.
+2	더블보기 (Double Bogey)	파보다도 2타 많은 타수로 홀 아웃한 경우를 말한다.
+3	트리플보기 (Triple Bogey)	파보다 3타 많은 타수로 홀 아웃한 경우를 말한다.

TIP 홀인원(Hole in One)

티잉 그라운드에서 친 볼이 한 번에 홀컵에 들어가는 경우를 말한다. 파3홀 이외의 홀에서 홀인원이 나올 확률은 거의 희박하다.

TIP 더블파(Double Par)

파의 2배의 타수로 홀 아웃한 경우를 말한다. 일반 주말골퍼들은 보통 양파라고 부른다.

스코어 카드 작성법 07

골프 경기는 18홀을 플레이한 후 그 스코어를 정확하게 기입한 스코어 카드를 제출해야 경기가 종료된다. 스코어 카드를 제출할 때 각 홀별 타수를 잘못 기입하거나 사인 누락이 없는가를 잘 확인해야 한다. 아무리 좋은 스코어를 기록해도 스코어 카드 기입에 실수가 있으면 경기 실격이 되는 경우도 있으므로 주의해야 한다.

스코어 카드를 기입할 때 보통 파는 0, 버디는 -1, 보기는 1 등으로 표기하는데, 이는 잘못된 방식이다. 정식으로는 자신이 친 총 타수를 기입해야 한다. 예를 들어 파4홀에서 보기를 하면 5가 되고, 파5홀에서 버디를 하면 4를 기입해야 한다.

스코어 카드

HOLE No	LEFT BACK (Y)	LEFT REG. (Y)	PAR				RIGHT BACK (Y)	RIGHT REG. (Y)	HCP
1	507	507	5				478	478	9
2	450	448	4				420	418	1
3	373	349	4				405	381	5
4	150	127	3				181	158	11
5	419	395	4				356	331	6
6	367	334	4				357	323	12
7	578	557	7				578	557	2
8	184	163	3				157	154	15
9	422	396	9				427	402	7
OUT	3,450	3,276	36				3,377	3,202	
10	126	126	3				116	116	18
11	185	155	3				173	149	14
12	305	250	4				345	289	13
13	548	523	5				532	507	4
14	334	334	4				335	335	3
15	358	358	4				325	325	16
16	407	383	4				385	362	8
17	167	158	3				171	157	17
18	516	501	5				484	471	10
IN	2,946	2,788	35				2,866	2,711	
TOT.	6,396	6,064	71				6,243	5,913	
HANDICAP									
NET SCORE									

MARKER'S SIGNATURE

TIP 핸디캡의 의미

스코어 카드에 적혀있는 핸디캡은 그 골프장의 난이도를 나타내는 표기이다. 핸디캡은 1~18까지 있으며, 핸디캡 1은 그 골프장에서 가장 어려운 홀을, 핸디캡 18은 가장 쉬운 홀을 말하는 것이다. 따라서 티 샷을 하기 전에 스코어 카드에 적혀 있는 핸디캡을 보고 그 홀의 난이도를 미리 파악하면 경기 운영에 도움이 된다.

08 볼의 구질 9가지

볼이 일직선의 스트레이트 구질로 날아가면 최상의 결과이지만, 볼이 마음처럼 똑바로 날아가는 것만은 아니다. 따라서 자신의 볼이 날아가는 구질을 보고 그 원인을 이해한다면 보다 스트레이트 구질로 볼을 칠 수 있다. 볼의 구질에 가장 큰 영향을 미치는 요인은 스윙 궤도와 임팩트 순간의 클럽페이스 정렬 상태이다. 이 2가지 요인의 변화에 따라 나올 수 있는 9가지 구질을 소개한다.

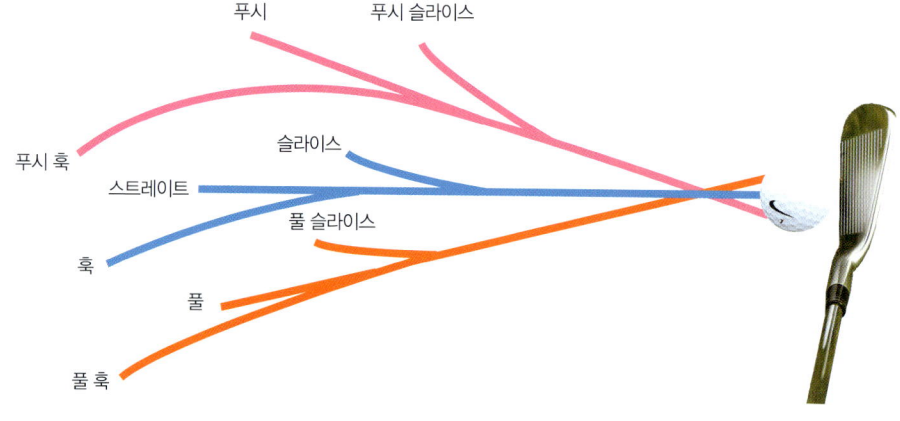

볼의 구질	스윙 궤도	클럽페이스 상태
푸시 슬라이스	인-투-아웃	오픈
푸시	인-투-아웃	스퀘어
푸시 훅	인-투-아웃	클로즈드
슬라이스	스트레이트	오픈
스트레이트	스트레이트	스퀘어
훅	스트레이트	클로즈드
풀 슬라이스	아웃-투-인	오픈
풀	아웃-투-인	스퀘어
풀 훅	아웃-투-인	클로즈드

왕초보 골프 에티켓

01 복장에 신경 써야 한다
골프는 매너를 중시하는 운동이므로 복장의 예를 갖추어야 한다. 특히 남자의 경우 반바지는 피해야 한다.

02 티오프 시간을 준수해야 한다
라운딩에 앞서 가장 중요한 것이 시간 엄수이다. 약속시간에 늦으면 자신의 플레이에만 손해를 보는 것이 아니라 다른 플레이어에게까지 피해를 주게 된다. 골프는 시간 엄수가 생명이라는 점을 반드시 기억해야 한다.

03 스윙 전에는 주변을 살펴 안전을 확인한다
스트로크 또는 연습스윙을 하기 전에 가까운 곳에 자신의 클럽으로 다칠만한 사람이나 사물이 있는지 확인한다. 특히 사람을 향해 연습스윙을 하지 않도록 한다.

04 플레이 지연은 다른 사람에게 폐를 끼친다
골프는 선발팀과 후발팀 사이의 시간 간격이 정해져 있다. 그런데 퍼팅 연습이나 드라이빙 레인지에서 열중하다 보면 티오프 시간을 지나치는 경우도 있다. 이런 경우 시작이 늦으면 후발팀의 티오프 시간이 연달아 밀리면서 다른 플레이어들의 긴장을 초래할 수 있다. 따라서 적어도 5분 전까지는 첫 번째 홀에서 기다리도록 한다.

05 볼에 자신만의 표시를 해둔다
동반 플레이어가 자신의 볼과 동일한 종류의 볼을 사용할 경우 간혹 누구의 볼인지 알 수 없는 경우도 있다. 따라서 볼에 자신만의 고유한 표시를 해두면 이러한 상황을 미연에 방지할 수 있다.

06 연습스윙에 따른 잔디 손상을 조심한다
잔디 위에서 연습스윙을 할 때 디보트가 생기면 잔디가 손상되므로 디보트가 생기지 않도록 주의해야 한다.

07 다른 사람이 티 샷을 할 때는 움직이지 말고 조용히 있도록 한다

뒤에서 이야기를 하거나 소리를 내서는 안 된다. 시야를 방해하는 곳에 서있는 것도 피해야 한다. 자신과 함께 플레이하는 멤버의 볼의 행방에 대해 확인해 두는 것도 에티켓 중의 하나이므로 가능하면 조용히 다른 사람이 샷의 지켜보도록 하자. 연습스윙을 하면서 지켜보는 것도 금해야 한다.

08 볼이 다른 홀이나 사람이 있는 곳으로 날아가면 '포어(fore)'라고 외친다

주변 홀이나 사람이 있는 곳으로 볼이 날아가면 큰 소리로 '포어'라고 외치자. 이것은 위험을 알리는 신호로 사고를 방지하는 매우 중요한 골프 상식이다. 다른 그룹에 폐를 끼치게 되었다면 사과를 하러 가는 것도 잊지 않도록 한다. 일반적으로 '볼(ball)'이라고 외치는데 포어가 맞는 표현이다.

09 샷을 한 후에는 빨리 이동한다

샷은 천천히 하더라도 일단 샷을 한 후에는 빠른 걸음으로 다음 지점으로 이동해야 한다. 자칫 느리게 이동할 경우 선발팀과의 간격은 벌어지고 후발팀과의 간격은 좁혀져 경기 운영이 지연될 수 있고, 그러다보면 샷을 급하게 해야 하는 경우가 많아진다.

10 티 샷을 한 후에는 여러 개의 클럽을 들고 볼이 낙하한 지점으로 이동한다

타수가 많아지게 되는 초보자는 페어웨이 우드나 아이언 등 2번째, 3번째 샷을 가정하여 3~4개의 클럽을 가지고 이동하도록 하자. 일일이 카트에 돌아가면 경기 시간이 길어진다. 시간을 끌지 않고 플레이함으로써 주변으로부터 호감을 얻을 수도 있다.

11 그린 위에서는 다른 사람의 퍼팅라인을 밟지 않는다

그린 위에서 다른 사람의 볼과 컵 사이의 라인을 밟거나, 그림자를 드리우거나, 퍼팅을 하는 사람의 눈에 거슬리는 곳에 서있으면 안 된다. 멀리 떨어진 곳에서 소리를 내지 말고 지켜보도록 한다.

12 잔디에 디보트가 생겼다면 메우도록 한다

자신이 만든 디보트는 반드시 보수하도록 하자. 그래야 잔디를 회복시키는 데에도 도움이 된다.

PART 04 **INFO**

13 홀컵 주위를 밟거나 볼마크 끝부분으로 잔디에 상처를 내는 일이 없도록 한다

그린 위에서 발을 질질 끌며 걸으면 잔디에 상처가 나기 쉬우므로 반드시 주의한다. 특히 컵 둘레는 매우 민감해서 컵 주변의 잔디를 밟으면 잔디가 흐트러지기 쉬우므로 밟지 않도록 주의하자. 자신의 볼을 마크한 볼마크를 뺀 후에는 마크 가장자리를 잘 눌러준 후 퍼터로 잘 눌러 평평하게 만들도록 한다.

14 깃대는 그린에 조심스럽게 내려놓는다

깃대를 그린에 던지거나 마구 내려놓을 경우 잔디가 상할 우려가 있으므로 조심해야 한다.

15 벙커에 들어갈 때는 레이크를 가지고 낮은 지점으로 들어간다

벙커에 볼이 빠졌다면 볼이 있는 위치와는 조금 멀더라도 레이크(고무 갈퀴)를 가지고 벙커 높이가 낮은 곳으로 들어가자. 그래야 레이크를 가지러 벙커 안을 돌아다니지 않아도 되고 신속하게 모래를 평평하게 고를 수 있다.

16 초보자는 실수를 신경 쓰기보다 활동적으로 즐겁게 움직인다

미스 샷이 계속되고 타수가 늘어나는 것은 초보자에게 흔히 있는 일이다. 일일이 기분 나빠하거나 어두운 표정을 지으면 라운딩 분위기를 망치게 된다. 너무 신경 쓰지 말고 즐거운 마음으로 플레이할 수 있도록 노력하자.

10 골프 용어

그레인(Grain)	그린 위에서 자라는 잔디의 방향 또는 그 결
그루브(Groove)	클럽페이스에 있는 홈
그린(Green)	깃대와 홀컵이 있는 곳으로 잔디를 짧게 깎고 잘 다듬어 놓은 퍼팅을 하는 지역
그립(Grip)	골퍼가 손을 얹는 클럽 부분
다운 블로우(Down Blow)	클럽페이스가 볼을 먼저 치고 그 다음 지면에 맞도록 스윙하는 타법. 어퍼 블로우(Upper Blow)의 반대
다운스윙(Down Swing)	백스윙 직후 볼을 치기 위해 클럽을 내리는 스윙 동작
더프(Duff)	클럽헤드가 공을 치기 전에 땅을 먼저 침으로써 부분적으로 공을 맞히고 공이 나아가는 거리를 감소시키는 타. 일명 뒤땅
덕훅(Duck Hook)	볼이 급격하게 왼쪽으로 구부러지는 심한 훅
도그랙(Dogleg)	마치 개의 다리처럼 오른쪽이나 왼쪽으로 굽은 홀
드라이버(Driver)	비거리가 가장 많이 나는 클럽으로 1번 우드를 말함
드라이빙 레인지(Driving Range)	드라이브를 칠 수 있는 200야드가 넘는 실외연습장
드로우(Draw)	볼이 날아갈 때 오른쪽에서 왼쪽으로 약간 휘는 샷. 페이드(Fade)의 반대
드롭(Drop)	경기 중 공을 잃어버렸거나 공이 경기를 진행하기 불가능한 지점에 놓인 경우 규정에 따라 볼을 옮겨 놓거나 새로운 볼을 다시 놓는 것으로, 플레이어가 똑바로 서서 팔을 어깨 높이로 뻗은 후 공을 수직으로 떨어뜨리는 동작
디보트(Divot)	샷을 한 뒤 클럽헤드에 의해 파여서 옮겨진 잔디 조각 또는 잔디가 빠지고 파인 구멍
딤플(Dimple)	공중에 오래 뜨도록 디자인된 골프공 표면의 둥근 홈
라이(Lie)	볼이 멈춘 지면의 상태 또는 클럽헤드와 샤프트가 이루는 각도
로브 샷(Lob Shot)	거의 앞으로 굴러가지 않고 살짝 착륙하는 짧고 높은 궤도를 그리는 샷
로프트(Loft)	클럽페이스의 각도 또는 경사
롱 아이언(Long Irons)	1~3번 아이언을 말함
런(Run)	볼이 지면에 떨어진 후 굴러가는 거리
레이드 오프(Laid Off)	클럽이 백스윙톱에서 목표의 왼쪽을 가리키는 것
레이트 히트(Late Hit)	다운스윙을 할 때 클럽헤드가 내려오는 동작을 늦추어 순발력을 증가시켜 파워를 최상으로 끌어내는 타법
리버스 오버래핑 그립(Reverse Overlapping Grip)	퍼팅 때 사용되는 그립 스타일로, 오른손 손가락 모두 클럽 위에 놓고 왼손 검지가 오른손 손가락들을 가로질러서 포개는 그립 방법

릴리스(Release)	다운스윙 및 임팩트 이후 헤드 스피드를 계속 가속시키는 동작
미들 아이언(Middle Irons)	4~6번 아이언을 말함
백 티(Back Tee)	티잉 그라운드에서 가장 뒤쪽에 있는 티. 챔피언 티라고도 함
백스윙(Backswing)	클럽을 볼 뒤쪽으로 들어 올리는 스윙의 과정
백스핀(Backspin)	클럽페이스의 경사, 어프로치 각도, 클럽헤드의 속도 등에 의해 볼이 영향을 받아 볼이 날아가는 방향의 반대 방향으로 돌아가는 볼의 회전
버디(Birdie)	1홀에서 기준 타수(파)보다 한 타 적게 홀 아웃하는 것
범프 앤드 런(Bump and Run)	볼을 일부러 낮게 쳐서 지면을 맞고 튀게 하면서 속도를 늦춰 그린 근처로 굴러가게 하는 샷
벙커(Bunker)	코스에서 장애물이 되는 모래 구멍이나 풀 구멍
베이스볼 그립(Baseball Grip)	열손가락으로 야구 배트를 잡는 형태로 쥐는 그립 방법
보기 플레이어(Bogey Player)	매 홀을 보기로 마칠 경우 나오는 스코어로 경기 당 90타 전후를 기록하는 골퍼를 일컫는 말
보기(Bogey)	파보다 한 타를 더 친 타수로 홀 아웃하는 것
브레이크(Break)	경사나 잔디의 결 또는 바람 때문에 공이 땅 위에서 나아가는 곡선
블레이드 샷(Bladed Shot)	공의 중심 혹은 그 위를 클럽페이스의 리딩에지로 쳐서 낮은 라인드라이브 곡선을 그리는 샷
블레이드(Blade)	아이언의 칼날 모양으로 된 부분
생크(Shank)	클럽의 목(넥) 부분으로 볼을 치는 미스 샷
세미러프(Semirough)	러프 지역에 있는 잔디이지만 너무 길지도 또 너무 짧지도 않은 잔디
셋업(Setup)	볼을 치기 위해 자세를 잡는 어드레스 동작
솔(Sole)	클럽헤드의 바닥 부분
숏 아이언(Short Iron)	7~9번의 아이언을 말함
숏게임(Short Game)	그린 근처에서 가장 적은 타로 볼을 홀에 넣을 수 있도록 모든 종류의 샷을 포함한 플레이. 벙커 샷, 퍼팅, 칩 샷, 피치 샷 등
스리쿼터스윙(Three-Quarter Swing)	클럽 거리의 75% 정도만을 보낼 의도로 정상 이하의 길이의 백스윙이나 노력으로 친 샷
스웨이(Sway)	백스윙이나 다운스윙 때 지나치게 옆으로 움직이는 몸동작
스위트 스폿(Sweet Spot)	클럽페이스의 정중앙
스윙 아크(Swing Arc)	클럽헤드가 그리는 궤도
스윙 플레인(Swing Plane)	스윙 때 클럽의 진로와 각도를 나타내기 위해 사용되어지는 가상의 평평하고 얇은 표면
스카이 샷(Sky Shot)	클럽페이스의 윗부분으로 볼의 밑부분을 쳐서 볼이 높게 떠오를 뿐 비거리는 짧은 샷

스퀘어(Square)	①타깃라인에서 올바른 각도로 위치했을 때의 클럽페이스, ②발뒤꿈치를 따라서 그려지는 선이 타깃라인과 평행한 발의 자세, ③타깃을 겨냥할 때 타깃라인과 평행한 어깨, 엉덩이, 무릎, ④볼을 쳤을 때 볼의 중앙에 클럽페이스가 정확하게 맞는 것 등을 말함
스탠스(Stance)	볼을 치려고 할 때의 발의 자세
스트롱 그립(Strong Grip)	그립을 시계방향으로 회전시켜 잡는 그립 방법
스폿(Spot)	볼의 뒷면에 동전이나 작은 물체를 놓음으로써 볼을 치기 전에 그린 위에서 볼의 위치를 표시하는 것
스푼(Spoon)	현재의 3번 우드를 말하며, 경사진 페어웨이우드의 초기 이름
슬라이스(Slice)	볼이 왼쪽에서 오른쪽으로 현저하게 꺾어지는 샷
아웃 오브 바운드(Out of Bound)	경기를 정상적으로 진행할 수 없는 구역. 주로 OB라고 함
아웃사이드 인(Outside In)	임팩트 때 클럽헤드가 타깃라인의 바깥쪽에서 안쪽으로 덮여 들어가는 것
아이언(Iron)	클럽헤드가 금속으로 만들어진 클럽
아크(Arc)	스윙 궤도를 말함
야디지(Yardage)	야드 단위로 나타낸 각 홀의 길이나 코스 전체의 길이
어드레스(Address)	골퍼가 샷을 하기 위해 몸과 클럽의 자세를 준비하는 과정
어퍼 블로우(Upper Blow)	클럽페이스가 스윙의 최저점을 지난 후 올라가는 순간 볼에 맞도록 스윙하는 타법. 다운 블로우(Down Blow)의 반대
어프로치 샷(Approach Shot)	그린 주변에서 퍼팅 그린을 향해서 또는 그린 위로 올리는 스트로크. 또는 페어웨이에서 그린에 가깝게 볼을 보내기 위해 친 샷
언더 파(Under Par)	규정 타수보다 적은 스코어
언코킹(Uncocking)	코킹된 손목을 임팩트 이후 풀어주는 것
얼라인먼트(Alignment)	타깃을 향해 몸을 정렬시키고 클럽페이스의 배치하는 것. 에이밍(Aiming)의 일부분
업 앤드 다운(Up and Down)	그린의 굴곡이 심한 것을 일컫는 말
업라이트 스윙(Upright Swing)	스윙 궤도가 지면과 수직에 가까운 스윙
에어 샷(Air Shot)	공을 맞추기 못하고 허공을 가르는 샷. 일명 헛스윙
에이프런(Apron)	그린의 가장자리
에임라인(Aim Line)	볼에서 타깃까지의 눈에 보이지 않는 라인을 말함. 타깃라인과 동일
에지(Edge)	홀, 그린, 벙커 등의 가장자리
오버 스윙(Over Swing)	백스윙 톱에서 클럽이 지나치게 지면을 향하는 스윙 동작
오버래핑 그립(Overlapping Grip)	클럽을 쥐는 방법 중 오른손 새끼손가락을 왼손 집게손가락 위에 올려 잡는 것으로, 영국의 프로골퍼 해리 바든이 유행시킨 방법이라 하여 바든 그립이라고도 함
오픈 스탠스(Open Stance)	오른손잡이의 경우 왼발을 뒤로 약간 당겨 공이 날아가는 쪽으로 몸을 오픈시킨 자세
오픈 페이스(Open Face)	클럽페이스가 볼에 대하여 90°를 넘어 약간 열린 상태
올 스퀘어(All Square)	모든 플레이어의 승부가 무승부일 때를 일컫는 말

왜글(Waggle)	스윙을 하기 전 정신을 집중시키고 근육을 풀어주기 위해 클럽을 가볍게 좌우나 앞뒤로 흔들어주는 동작
우드(Wood)	클럽헤드가 나무로 만들어진 클럽
워터 해저드(Water Hazard)	코스 안에 걸쳐 있는 바다, 호수, 연못, 하천, 도랑 등의 장애물
원 온(One One)	한 타로 볼을 그린에 올리는 것
웨지(Wedge)	클럽페이스가 넓고 솔이 평탄하며 로프트가 큰 아이언 클럽으로 피칭웨지와 샌드웨지가 있음
위크 그립(Weak Grip)	그립을 시계반대방향으로 잡는 방법
이글(Eagle)	1홀의 기준 타수(파)보다 2타수 적은 스코어로 홀 아웃하는 것
이븐(Even)	규정 타수와 플레이어가 친 타수가 일치하는 것 또는 상대방과 타수가 똑같은 것
익스플로전 샷(Explosion Shot)	벙커에서 클럽에 의해 많은 양의 모래가 파여지며 그 폭발력으로 탈출하는 벙커 샷
인사이드 아웃(Inside Out)	임팩트 때 클럽헤드가 타깃라인의 안쪽에서 바깥쪽으로 열려 들어가는 것
인터로킹 그립(Interlocking Grip)	오른손 새끼손가락과 왼손 집게손가락을 서로 교차해서 쥐는 것. 손가락이 짧거나 힘이 약한 사람이 이 방법을 취하면 두 손의 죄는 힘이 강해져 스윙을 하는 동한 손이 느슨해지지 않는 효과가 있음. 타이거우즈 그립으로 유명함
임팩트(Impact)	클럽헤드로 볼을 치는 순간
입스(Yips)	퍼팅을 할 때 실패에 대한 두려움으로 호흡이 빨라지고 손에 가벼운 경련이 일어나는 몹시 불안해하는 증세
초크(Choke)	골퍼가 정상적인 능력대로 제대로 경기를 할 수 없을 만큼 심각한 신경과민반응을 일으키는 심리 상태
치킨윙(Chicken Wing)	일명 닭날개. 백스윙 때 오른쪽 팔꿈치가 지면에 거의 수평이 될 정도로 들리는 동작. 슬라이스의 원인
칩 샷(Chip Shot)	어프로치 샷의 일종으로 짧고 낮은 궤도를 그리는 샷
칩 앤드 런(Chip and Run)	그린의 가장자리나 러프에서 그린 주위로 친 낮은 궤도를 그리는 샷. 공이 캐리보다 훨씬 더 많이 굴러감
캐리(Carry)	공중에서 볼이 날아가는 거리
캐스팅(Casting)	다운스윙 때 손목코킹이 너무 일찍 풀려 임팩트가 되는 현상
컨트리클럽(Country Club)	골프 코스를 지칭하는 말
컵(Cup)	그린 위에 있는 홀
컷 샷(Cut Shot)	클럽헤드가 타깃라인의 왼쪽으로 나아가는 동안 클럽페이스가 약간 열린 상태로 공이 맞는 샷. 이것은 볼에 시계방향 회전을 일으키며, 그린에서 멈추는 작용을 위한 여분의 백스핀도 일으킴
코스 레코드(Course Record)	한 코스에서 공식적으로 인정된 최저 스코어 기록
코일(Coil)	상체가 하체보다 더 많이 돌아가게 되어서 잡아당기는 느낌이 들도록 하는 백스윙 동안의 몸의 꼬임
코킹(Cocking)	비거리를 내기 위해 백스윙을 할 때 왼손목을 꺾어주는 동작

크로스 오버(Cross Over)	클럽이 백스윙톱에서 목표의 오른쪽을 가리키는 것
크로스 핸드 그립(Cross Hand Grip)	그립에서 왼손을 오른손 밑에 놓는 방법. 퍼팅에서 활용되는 그립 스타일
클럽페이스(Clubface)	클럽헤드에서 실제로 볼을 치는 타구면
클럽헤드(Clubhead)	클럽의 머리 부분으로 클럽의 타구면과 바닥면을 포함한 부분
클로즈드 그립(Closed Grip)	일명 스트롱 그립. 그립을 쥐었을 때 과장되게 시계방향으로 회전시켜 잡는 그립 방법
클로즈드 스탠스(Closed Stance)	타깃 라인과 평형을 이루는 선으로부터 오른발을 뒤로 빼는 자세
클로즈드 클럽페이스(Closed Clubface)	어드레스 및 임팩트 때 클럽의 토우(앞쪽 끝)가 힐(뒤쪽 끝)을 이끌면서 클럽페이스가 타깃라인의 왼쪽을 향해 닫혀서 진행하는 것
타깃라인(Target Line)	볼의 뒤에서부터 볼을 통과하여 목표지점을 향해 그려진 가상의 직선
테이크백(Take Back)	백스윙을 하기 위해 클럽을 뒤로 빼는 동작
테이크어웨이(Take Away)	백스윙을 하기 위해 클럽헤드를 뒤쪽으로 천천히 움직이는 동작
텐 핑거 그립(Ten Finger Grip)	손가락 전부와 엄지손가락들을 클럽 위에 놓은 상태로, 양손이 서로 접해있지만 겹치거나 깍지를 끼지 않은 상태로 손을 클럽 위에 놓는 그립 방법. 베이스볼 그립과 동일
토우 샷(Toed Shot)	클럽의 앞쪽 끝에 가까운 중심으로 치는 모든 샷
토우(Tow)	클럽헤드의 끝부분
트러블 샷(Trouble Shot)	숲 속이나 러프 등 샷을 하기 어려운 위치에 공이 있을 때, 타구가 날아가는 방향에 장애물이 있을 때 등 곤란한 상황에서 하는 샷
티 샷(Tee Shot)	티잉 그라운드에서 공을 치는 것. 각 홀의 제1구에 해당
티 업(Tee Up)	각 홀의 제1타를 치기 위해 티에 공을 올려놓는 것
티 오프(Tee Off)	티에서 제1타를 치는 것
티(Tee)	각 홀의 제1타를 치는 장소 또는 제1타를 칠 때 얹어놓는 장치
티잉 그라운드(Tee Ground)	각 홀의 공을 처음 치는 구역
파(Par)	티잉 그라운드를 출발하여 홀을 마치기까지 정해진 기준 타수
팔로스루(Follow Through)	공을 친 다음 나머지 부분의 스윙 동작
팻 샷(Fat Shot)	클럽헤드가 공을 치기 전에 땅을 치는 샷
퍼팅라인(Putting Line)	그린 위의 볼과 홀인을 위해 예상되는 홀 컵 사이의 선
펀치 샷(Punch Shot)	클럽의 그립 끝이 클럽헤드보다 훨씬 더 앞으로 나와 있는 상태로 쳐서 클럽의 로프트가 감소된 상태로 친 낮은 궤도의 샷
페어웨이(Fairway)	티와 그린 사이의 잔디가 잘 깎인 지역
페이드(Fade)	볼이 왼쪽에서 오른쪽으로 약간 휘면서 날아가는 샷. 드로우(Draw)의 반대
푸시 샷(Pushed Shot)	비교적 똑바로 진행하지만 타깃의 오른쪽으로 향하는 샷
푸시 슬라이스(Pushed Slice)	목표지점의 오른쪽으로 가기 시작하여 그보다 더 오른쪽으로 구부러지는 샷
푸시 훅(Pushed Hook)	목표지점의 오른쪽으로 시작하여 다시 왼쪽으로 구부러지는 샷

풀 샷(Pulled Shot)	비교적 똑바로 진행하지만 타깃의 왼쪽으로 향하는 샷
풀 슬라이스(Pulled Slice)	목표지점의 왼쪽으로 가다가 다시 오른쪽으로 구부러지는 샷
풀 훅(Pulled Hook)	목표지점의 왼쪽으로 시작하여 그것보다 더 왼쪽으로 구부러지는 샷
프라이드 에그(Fried Egg)	벙커에 빠진 공이 모래 속에 들어가 달걀프라이 같은 상태가 된 것
프론트 티(Front Tee)	티잉 그라운드에서 홀과 가장 가까운 거리에 있는 티
프리 샷 루틴(Pre-Shot Routine)	골퍼가 클럽을 선택하고 나서 스윙을 시작하기 전에 끝마치는 일련의 과정
프린지(Fringe)	그린 주변을 일컫는 말
플랫 스윙(Flat Swing)	수평면에 가까운 스윙, 업라이트 스윙의 반대
플레인(Plane)	스윙궤도가 그려지는 공간
플롭 샷(Flop Shot)	갑작스러운 백스윙으로 올라갔다가 천천히 가파르게 내려오면서 클럽헤드가 볼 밑으로 미끄러지는 느슨한 손목으로 치는 피치 샷
피니시(Finish)	스윙의 마지막 자세
피봇(Pivot)	고정된 축 주위의 몸 또는 몸의 부분의 움직임. 보통 백스윙톱 때의 척추 둘레로 움직이는 몸의 회전을 표현할 때 사용
피치 앤드 런(Pitch and Run)	공을 낮게 띄워서 착지한 후 평소보다 더 많이 굴러가도록 치는 어프로치 샷
핀(Pin)	홀에 꽂힌 깃대
핀치 샷(Pinch Shot)	그린 주위에서 공을 날카롭게 내려쳐 백스핀을 많이 주어 착지 후 런이 거의 없도록 치는 샷
하프 스윙(Half Swing)	클럽의 정상적인 거리의 50% 정도만 나가도록 하는 샷
핸드 퍼스트(Hand First)	그립을 쥔 양손이 볼보다 앞쪽으로 나아가 있는 상태
헤드업(Head Up)	임팩트를 보지 못하고 미리 목표방향으로 머리를 들어 올리는 현상
호젤(Hosel)	클럽헤드와 샤프트가 만나는 부분
홀 아웃(Hole Out)	한 홀의 플레이를 마치는 것
홀인원(Hole in One)	티잉 그라운드에서 1타로 볼이 홀에 들어가는 것
훅(Hook)	오른쪽에서 왼쪽으로 구부러지며 날아가는 샷

장소 협찬 수원컨트리클럽
베어리버 골프리조트

핵심만 배우는 골프 Vol.1
아이언 편

초판 1쇄 발행 2014년 6월 16일
초판 6쇄 발행 2020년 11월 16일

지은이 김해천
펴낸이 김영조
콘텐츠기획팀 권지숙, 김은정, 김희현
액티비티북팀 박유경, 장윤선
디자인팀 왕윤경
마케팅팀 이유섭, 박혜린
경영지원 정은진
외부스태프 디자인 design group ALL
　　　　　　촬영 이과용
　　　　　　모델 김해천, 이보미
펴낸곳 싸이프레스
주소 서울시 마포구 양화로7길 44, 3층
전화 02-335-0385
팩스 02-335-0397
이메일 cypressbook@naver.com
홈페이지 www.cypressbook.co.kr
블로그 blog.naver.com/cypressbook
포스트 post.naver.com/cypressbook1
인스타그램 싸이프레스 @cypress_book
　　　　　　스티커 아트북 @cypress_stickerartbook
출판등록 2009년 11월 3일 제2010-000105호

ISBN 978-89-97125-47-0 14690
ISBN 978-89-97125-46-3 14690 (세트)

· 이 책은 저작권법에 따라 보호를 받는 저작물이므로 무단 전재 및 무단 복제를 금합니다.
· 책값은 뒤표지에 있습니다.
· 파본은 구입하신 곳에서 교환해 드립니다.
· 싸이프레스는 여러분의 소중한 원고를 기다립니다.

이 도서의 국립중앙도서관 출판시도서목록(CIP)은 e-CIP홈페이지(http://www.nl.go.kr/cip.php)와 국가자료공동목록시스템(http://www.nl.go.kr/kolisnet)에서 이용하실 수 있습니다. (CIP 제어번호:2014016691)